# Mais c'est pas possible ?!

Julien **CAZARRE**

# Mais c'est pas possible ?!

**PSG** : LE MEILLEUR *du pire*

Avec la collaboration
d'Antoine GRYNBAUM

AMPHORA

*À Bebel*

Relecture : Sandrine Harbonnier et Delphine Dubois - Amphora
Couverture : Christophe Poissenot - Dessine-moi un gangster
Crédit Photos couverture : Denis Boulanger
Mise en page : Jeff Renoux - Artemishqc.com

Imprimé en Europe par Sagrafic
6 pasaje Carsi - Barcelona


978 275 760 517 2

# Introduction

Le PSG a fêté ses 50 ans en 2020, l'âge de la maturité est le meilleur moment pour faire un premier bilan. Entre les différents slogans qui l'accompagnent depuis toutes ces années, comme « Paris est magique » ou « Notre histoire deviendra légende », le club a prouvé à l'Europe entière que, bien plus qu'un club de foot, c'est un formidable cirque, un barnum, une piste aux étoiles, et si Old Trafford est le théâtre des rêves, le Parc des Princes est la cour des miracles... Malheureusement, les miracles sont souvent le fruit d'une glissade, d'une chute de tension ou d'un pet foireux.

Pourquoi aime-t-on si passionnément le Paris Saint-Germain ? Pourquoi notre cœur saigne rouge et bleu ? Pour les victoires en Ligue des champions (LDC) ? Euh... Ben non, c'est justement pour ces moments de joie intense qui ne sont que l'antichambre de gamelles mémorables et qui font de ce club un club maudit, comme si les fées s'étaient penchées sur son berceau pour éternuer dessus.

Bien sûr, le PSG-Real 93 c'est génial, bien entendu, taper le Barça de Cruyff c'est incroyable, mais, entre nous, rien ne vaut une remontada, une débâcle à Haïfa, un naufrage à La Corogne ou un fax oublié qui fait perdre un match de Coupe d'Europe sur tapis vert.

Toutes ces choses qui ont fait de ce club une entité à part.

Oui, je n'ai pas peur de le dire, le PSG est shakespearien, car il ne se nourrit que de drames dont il est le seul à connaître la martingale... à tous les coups, on perd.

Symbole, la plus belle année de son histoire, il est crucifié en finale par un but de l'un de ses propres titis... Le destin, on vous dit...

C'est pourquoi j'ai décidé, avec recul et dérision, de revenir sur 10 thèmes qui ont marqué au fer rouge et bleu l'histoire du PSG.

À un tel niveau de lose, la résilience ne viendra que par le rire, la vanne, la déconne quoi.

# Chapitre 1

## LES *CLASSICOS* (DE MA JEUNESSE)

En préambule de ce chapitre qui semble naturel à tout bon ultra qui se respecte, la bave aux lèvres et la Doc Martens aiguisée, je voudrais revenir sur le terme *classico* employé à l'occasion. Je sais que, pour certains qui peuplent les salons littéraires du Saint-Germain-des-Prés du football français, souvent en contradiction avec le Saint-Germain parisien que nous sommes, le terme de *classico* est totalement galvaudé sur l'autel du « non, mais attendez, il n'y a qu'un seul *classico*, c'est Barça-Real, et votre derby est construit de toutes pièces par Canal Plus et Tapie dans les années 90 ».

Bon, déjà, tu te calmes, l'intello du comptoir des Lilas, sinon je te fais avaler tes Stan Smith avant d'avoir fini ton spritz, secundo, si on commence à remettre en question le bien-fondé des termes et des références, on n'a pas fini, mon p'tit pote.

OK, on a piqué le mot *classico* aux Espagnols, mais, à ton avis, le mot *football*, il vient de ma belle-sœur ? Le corner, le penalty, le toss, c'est du patois de la Creuse ? Et, pour info, le seul derby qui existe à la base est une course hippique du XIX^e^ siècle appelée le Derby d'Epsom et qui a été piqué par les footeux pour parler d'Everton-Liverpool, donc, déjà, tu nous gonfles pas avec tes raisonnements.

Le vrai problème, c'est qu'en France on a commencé à s'intéresser vraiment au foot soixante ans après tout le monde, donc, forcément, les termes existaient déjà, et nous à part le terroir on n'avait pas grand-chose à proposer de nouveau... On a parfois saupoudré légèrement comme le corner... à la rémoise.

En bref, on dit ce qu'on veut et si tu préfères dire « coup du coin » et « lancer de pièce », vas-y, mon copain, et pense à envoyer un courriel à la Fédé.

Pour en revenir aux derbys, on a bien un équivalent français qui est *Intervilles*, mais on a déjà assez de chèvres pour ne pas envoyer les vachettes (je laisse quelques secondes aux plus jeunes pour aller sur Google vérifier ce qu'est *Intervilles*).

Le deuxième grief porté sur les PSG-OM, comme je le disais précédemment, c'est le caractère fabriqué de l'opposition.

Oui, bon, t'es gentil, mais si on va par là, quand tu te tapes un Lyon-Saint-Étienne et que les Gones traitent les Verts de prolos, t'as une chance sur deux d'avoir un RMIste de la banlieue lyonnaise qui chambre un aspirant avocat du barreau de Saint-Étienne, alors la réalité historique, merci bien !

En effet, pour ce qui nous concerne, la rivalité est née d'un accord entre Tapie et Canal Plus pour ajouter du piment au championnat et donner à l'OM un adversaire à sa taille, vu que Marseille, à l'époque, achetait les meilleurs joueurs... et les meilleurs arbitres. Et voilà, ça commence, premier tacle gratuit et par-derrière, dans le dos de l'arbitre que notre meilleur ennemi Éric Di Meco n'aurait pas renié, transition toute trouvée pour parler de la genèse des *classicos*.

À cette époque, on se souvient tous que, malgré la petite bande de nazillons qui pogotaient dans la tribune Boulogne, le PSG était la gentille petite victime expiatoire de l'armada phocéenne. On était beaux, bien coiffés, élégants, on aurait dit *Les Choristes*, et franchement une bande de 40 gamins qui obéissent à la baguette à Gérard Jugnot, c'est pas de la graine de *Karaté Kid*... On en était là...

Ginola, Roche, Le Guen et Vincent Guérin face à Di Meco, Mozer, Boli et Casoni, y'avait un côté Arsène Lupin *vs* Tyson dans l'Octogone qui faisait peur d'avance.

Le premier *classico* qui me revient en mémoire et lance vraiment les hostilités n'est même pas dans la période Tapie *vs* Canal, mais trois ans plus tôt lors de la saison 1988-1989...

Cette saison-là est un symbole de tout ce que va vivre le club par la suite à des degrés différents, un genre de teaser, une bande-annonce qui donne envie de tout, sauf de voir le film... Sauf que, bon, ça fait 50 ans qu'on le regarde.

Pour la première fois de l'histoire, le PSG et l'OM sont au coude-à-coude pour le titre et, à cette époque, le véritable ennemi de l'OM était le Bordeaux de Claude Bez (un moustachu qui aurait sa place dans une série Netflix se passant en Colombie).

Les Parisiens n'ont pas encore la rage au ventre et les gencives à vue à l'énonciation du club des sardines. Leur seul adversaire reste le Matra Racing qui leur a piqué leur petit Luis après l'année du premier titre... Les salauds.

# 5 mai 1989, OM-PSG
# Stade Vélodrome, J35

En ce joli mois de mai où les fleurs volent au vent comme les protège-tibias des attaquants qui s'approchent un peu trop de Förster, de Le Roux ou de Di Meco, je porte fièrement mes 14 ans et j'ai encore l'insouciance de la jeunesse. Pour moi, Marseille c'est Paul Préboist, Galabru ou Fernandel qui nous font rigoler avec leur accent : « Maman, maman ! Cruchot ! Ignace, Ignace ! » Ils étaient sympas, ces Marseillais, ils étaient rigolos comme un tonton bourré à la fin du repas de Noël... Mais ça, c'était avant.

En ce jour de printemps allait resurgir un relent de haine...

Cette année-là, c'est le retour au premier plan après deux années à fêter le titre de 86 dans les bas-fonds du championnat et, quand arrive la 35$^{e}$ journée, le PSG est en bonne position, un nul lui suffit pour garder l'OM à distance pour la victoire finale.

Je regarde le match d'un œil et demi car, franchement, c'est pas le France-Brésil de notre fameux petit Luis, ça court, ça tacle, ça balance des sacoches vers l'avant, on se croirait un dimanche après-midi pendant Millwall-Crystal Palace, on se dirige vers un bon petit zéro-zéro des familles qui nous arrange bien, mais, à quelques minutes de la fin du match, jeu court à l'entrée de la surface marseillaise, remise en une touche de Susic pour Simba, je laisse tomber ma Game Boy sur le carrelage de la salle à manger, « Vas-y, Amara, tire mais tire !! » Effectivement, Simba tire à bout portant sur Gaëtan Huard. « Ah, c'est trop bête, on pouvait plier le match, bon, c'est pas grave, l'essentiel est là. »

La dernière minute approche et Michel Vautrot va siffler, et hop un deuxième titre, c'est cool, le premier, j'avais pas pu le voir, ma mère m'avait puni parce que j'avais pété le bateau pirate Playmobil qui lui avait coûté une blinde à Noël, en plus, devant le deuxième, c'est tout un symbole... Attends, juste une dernière action pour Marseille et c'est fini, mais qu'est-ce qu'il fait, Sauzée, il va pas tirer de là, ce débile, c'est au moins à vingt mè... j'ai pas le temps de finir ma phrase que Joël Bats va chercher le ballon dans les filets.

Je ne sais pas ce qui s'est passé en moi mais, quand j'ai vu la joie des Marseillais se sauter dessus et hurler comme des enragés dans les tribunes, je me suis senti comme Bruce Banner quand il sent que ça monte et qu'il ne va pas tarder à se transformer en Hulk, j'étais vert et même pas la possibilité de calmer mes nerfs sur une partie de *Tetris*... Ma Game Boy gisait sur le sol comme Gaby Calderón à la fin du match.

L'OM s'impose et on perd le titre sur ce match... Depuis ce jour, à chaque *classico*, je sens remonter en moi le gros bonhomme vert... Et pas celui qui vend du maïs.

## 18 décembre 1992
## PSG-OM 1992, J18

Depuis le but de Sauzée, du sang a coulé sous les ponts de Paris, car les *classicos* se sont enchaînés dans une tension toujours palpable et les amateurs de rivalité capitale-province en ont eu pour leur *brouzouf*, comme disaient les Nuls. Malheureusement pour le fraîchement abonné du parc que j'étais (tribune Auteuil rouge collée aux futurs « Lutèce

Falco »), on avait depuis gagné une pauvre fois en huit rencontres face aux amis du Phocéa.

L'OM depuis était devenu trois fois champion de France et arrivait au Parc tel un ogre prêt à manger une caille ou un passereau.

Oui, mais ça, c'était sans compter sur le nouvel esprit parisien, fini les gentils garçons, adieu les danseuses aux chemises roses, terminé les paillassons de la bande à Basile.

Sur le papier, on avait une équipe de rêve, un onze de feu emmené par Valdo et Ginola qui va tout casser ce soir.

J'en veux pour preuve que même le discret Arthur Jorge venait de déclarer dans la presse : « On va leur marcher dessus. » Clap, clap, clap ! Alors là, bravo ! Vraiment bravo ! J'en ai vu des trucs totalement irresponsables et crétins, mais ça c'est le pompon sur le béret du mousse.

Le mec, il est devant un marigot rempli de crocodiles et il balance : « Ho les gars ! Moi, je tombe le slip pour aller faire trempette et on verra bien qui a le plus de dents entre vous et moi. »

Évidemment, il n'en fallait pas plus au grand patron qui marche à la Wonder pour chauffer à blanc sa bande de rottweilers assoiffés de sang, et l'article avec la décla du Portugais à moustache se trouve placardé à l'entrée du vestiaire olympien.

Le match qui s'ensuit est une véritable boucherie, de celles qui vous rendraient végétarien Hannibal Lecter. Les Marseillais sortent du tunnel les yeux injectés de sang et les crampons aiguisés comme le scalpel du docteur Delajoux.

Le match, au niveau football, ne rentrera pas au panthéon du *joga bonito*, mais aujourd'hui encore on montre la vidéo pour donner aux militaires une idée des horreurs de la guerre.

Ce soir-là, Éric Di Meco avait lancé un contrat sur le pauvre Laurent Fournier qui a fini par jouer aux osselets avec ses ménisques à la fin du match, dans les vestiaires.

C'est à se demander ce que faisaient les forces de l'ordre...

Les cartons de l'arbitre devaient être coincés dans sa poche à cause de la moiteur qui lui faisait suinter les miquettes, parce qu'à part foncer sur l'adversaire avec une perceuse à percussion, on pouvait pas mieux faire.

Le pire des scandales n'est même pas là, mais quand, sur un coup de pied arrêté, on pense que c'est Llacer qui va bloquer Boksic... Résultat final : on perd 1-0 et on n'a marché sur personne à part sur le ballon pour rouler dessus. On était devenu le type dans *Indiana Jones* qui fait des moulinets avec son sabre avant de se prendre froidement un coup de flingue dans le buffet... Allez, coucouche panier.

## 22 mai 1993, OM-PSG, J37

Bon, on va pas se mentir, c'est pas la meilleure période à vivre quand t'es un ultra du PSG et que, trois jours auparavant, vient de s'accrocher l'étoile du « à jamais les premiers nanani nanana », qui va nous coller aux basques pendant trente ans comme le sparadrap du capitaine Haddock.

Moi, je suis au bord de la dépression nerveuse et je pense qu'on était plus malheureux que les Milanais eux-mêmes, qui s'en foutent, puisqu'un an plus tard, ils la regagneront en mettant une trempe au Barça. Sauf qu'ils sont bien gentils, les macaronis, mais c'est pas eux qui se les fadent après les sardines.

Comme pour la saison 88-89, le championnat se joue là et le Vélodrome est en fusion.

Cette fois, on arrive sans tambour ni trompette mais avec la ferme intention de gâcher la fête des zozos du vieux port. Cette fois, c'est la nôtre, et si on gagne, on devient champion devant le champion (bon, c'est pas une consolante, mais ça permet de cicatriser plus vite et de s'assoir sans un coussin).

Moi, j'y crois à mort et, avec mes potes, on s'est réunis dans ma piaule pour vivre ce moment historique (ils sont sympas, ils font semblant de ne pas voir sur le mur de ma chambre le poster « Génération Mitterrand »).

Ça démarre plutôt bien, on est dans le coup, on les prend à la gorge (enfin, si on veut, on reste Parisiens) et bim ! But de Guérin, hahahaha ! Ils font moins les malins, les mecs ! Ricardo-Roche, c'est autre chose que Costacurta et Baresi... Malheureusement, cet excès d'enthousiasme va être vite calmé par l'égalisation de Völler qui sera le préambule de l'humiliation ultime de la funeste 36e minute... Le but de Boli, le héros de Munich (décidément, cette ville sera notre cauchemar des finales de LDC).

Jongle au milieu de terrain, coup du sombrero, une-deux sur trente mètres avec Pelé et tête catapultée dans la lucarne du pauvre Bernard Lama... Ma canette de Kro s'est brisée entre mes doigts, telle une chips entre les dents de Kubiak dans *Parker Lewis*. Boksic plantera le dernier clou du cercueil à un quart d'heure de la fin... Voilà, et le calice a fini de couler dans notre gosier en entendant la moitié du quartier hurler sa joie comme si on était sur la Cannebière... En plein quinzième arrondissement, il est temps de reconquérir notre ville.

Ce soir, Nanard, propriétaire d'Adidas, ancien ministre, champion d'Europe, il ne peut rien lui arriver... Rien sauf un grain de sable, voire un brin d'herbe venant tout droit du jardin de Christophe Robert.

Si Éric D. est le symbole de l'Olympique de Marseille, un autre Éric D. deviendra l'idole du Parc avec sa statue entre Ginola et Raí... C'est Éric de Montgolfier.

## 15 février 2000, OM-PSG, J26

Cette saison s'annonçait sous le signe du renouveau, de la renaissance, et le PSG allait renaître de ses cendres, tel le phénix de la porte de Saint-Cloud.

En effet, il fallait se remettre de la période pathétique du retour d'Arthur Jorge pour sauver le soldat Paris envoyé dans le fossé par le mythique Alain Giresse, qui laissera comme empreinte sur le banc du PSG au mieux une trace de pneu.

Une saison cauchemar où le club parisien finissait l'année dans un anonymat désespérant, ne recueillant comme seule gloire qu'un titre perdu par Marseille à la dernière minute de la dernière journée contre Bordeaux... qui s'imposait au Parc des Princes dans les ultimes secondes, poussé comme jamais par des ultras parisiens tout acquis à sa cause.

Ce soir fut un soir de liesse bien qu'un soir de défaite. Quand on en est là, c'est que vraiment ça va pas fort... Suivez mon regard.

Tout ça, heureusement, c'est du passé, et l'arrivée d'Ali Benarbia, le stratège bordelais fraîchement champion avec les Girondins, devait insuffler une nouvelle dynamique. Exit Simone, Bruno Rodriguez, Adailton et Ouédec *and welcome* Christian, Laurent Robert et Laurent Leroy... Oui, bon, dit comme ça, ça ne fait pas arrivée des Harlem Globetrotters, mais, au final, la sauce va prendre, et quand se profile le *classico* de mi-février, les rouge et bleu débarquent au Vélodrome gonflés à l'hélium face à un OM qui, loin de disputer le titre comme l'année précédente, se noie dans un purgatoire qui le verra se sauver de l'enfer de la D2 à la dernière journée... La victime est prête à être sacrifiée, le bourreau parisien a sa lame aiguisée... Du moins, ça, c'est ce qui était prévu.

En ce quinze février, le temps est au beau fixe, le monde est en paix, on passe à l'euro et on écoute *Ces soirées-là* de Yannick à fond dans les baffles... Que demander de plus ?

Tout démarre comme sur des roulettes, à peine sept minutes de jeu, Christian reprend un centre d'Algerino au second poteau et bim : 1-0, le Vélodrome goûte l'entrée d'un repas qui s'annonce amer et acide. Comme tout bon Parigot qui se respecte, j'ai déjà fait péter ma tournée au bar des *Trois As* de La Motte-Picquet, repère de cancrelats repentis de la porte d'Auteuil. À ce moment-là, ivres de mauvaise bière et de chansons paillardes, nous ne savons pas encore que les abîmes se profilent au bout du couloir.

Tout se passe pour le mieux quand, à la dix-huitième minute, premier tournant du match, sur un ballon anodin contrôlé par Laurent Leroy le long de la touche, son homonyme Jérôme vient lui faire un tacle à la Di Meco des grands soirs, histoire de voir si sa malléole est bien accrochée à son tibia. Jérôme Leroy qui, le temps d'un instant, oublie qu'il est un enfant du Camp des Loges, un titi, un gavroche... Il rejoint la longue liste des traîtres du club (on en parlera plus tard)...

La logique serait que, dans la foulée, l'arbitre siffle faute et carton jaune orangé pour le Judas en question (qui porte le numéro treize pour en rajouter une couche), mais ça serait sans compter sur l'intelligence du fameux Laurent qui, vexé du tacle, fonce tête baissée sur son agresseur et provoque une bagarre générale. Dans la confusion, l'arbitre renvoie les deux Leroy bricoler chez Merlin du côté des vestiaires.

Le match change complètement d'atmosphère et la furie marseillaise va s'emparer du terrain, le Vélodrome est en fusion, ça sent pas bon... mais pas bon du tout, le carré d'as de l'humiliation arrive sur la table.

Vingt-quatrième minute, Sébastien Pérez égalise sur un coup de tête et c'est le début de l'avalanche. On ne demandait pas une bicyclette de Van Basten, mais un but de Sébastien Pérez, ça fait mal là ou ça fait mal et c'est que le début...

On rentre à la mi-temps à un partout, le temps que Bergeroo remonte tout le monde dans le vestiaire et on repart au combat... Euh, enfin, j'imagine.

À peine revenus sur la pelouse, on se fait déglinguer dans tous les sens.

« Allô, Rabé ? Talal ? Aliou ? Y'a quelqu'un ? »

Non, y'a plus personne et il ne manquerait plus qu'on s'en prenne un deuxième. Aussitôt dit, aussitôt fait, soixantième minute, Cyrille Pouget (encore un ancien Parisien) crucifie Bernard Lama d'une papinade du pied droit. C'est moi ou on glisse ?

Soixante-septième minute, centre venu de la gauche qui arrive tranquillou dans les barres de Lama, notre chat pour lui, c'est de la nioniotte ça, et il s'en saisit à pleines mains pour... Quoi ? Mais qu'est-ce qu'il fait ? La balle glisse de ses mains comme si Marseille avait badigeonné de son savon les gants de notre portier magique, elle rebondit au deuxième poteau où se trouve Abardonado... La suite se termine au fond des filets.

Le Gipsy marseillais part comme un avion dans les travées du stade. Vite, qu'on en finisse avec ce match. Malheureusement, il manque un clou au cercueil et c'est encore un ancien de chez nous qui va le planter. Soixante-dix-huitième, Florian Maurice, qui ne met pas un pied devant l'autre depuis le début de l'année, joue le renard des surfaces pour nous mettre le quatrième et puis, dans la foulée, comme si ça ne suffisait pas, enlève sa chaussure, l'embrasse et la jette dans le public. Non mais il se prend pour qui, lui ? Madonna ? Pourquoi il ne balance pas directement son string ?

On finira la saison à une honorable deuxième place mais on s'inclinera minablement en finale de Coupe de la Ligue contre Gueugnon... Et, en plus, l'OM s'est sauvé... C'est trop injuste.

# Chapitre 2

## LES PIRES TRANSFERTS

Prendre au mercato une énorme banane qui ne sait pas différencier son pied gauche de sa main droite quand t'es le FC Lorient ou l'Olympique de Maubeuge, c'est pas dramatique, voire c'est limite normal, surtout quand t'as le budget annuel d'un paysan de l'Ariège.

Quand t'es le club de la capitale, de la Ville Lumière qui, rien qu'avec son nom, peut attirer les étoiles les plus brillantes de la planète foot, ça coince un peu plus dans les rayons. Pourtant, le PSG s'est fait une spécialité de dégoter parfois des mecs venus de l'hyperespace pour nous rappeler que le foot n'est pas une science exacte et qu'au bout de la chaîne de décision il y a parfois un homme qui a trop bu ou mal dormi.

Bien entendu, on ne peut pas revenir sur toutes les arnaques footballistiques dont le club a été victime (ou coupable, c'est selon), mais un florilège des plus beaux spécimens s'impose.

# Let's get ready to rumble!

## Le pionnier : Camargo, brésilien, le remplaçant de Pelé

Nous sommes en 1971, le PSG est un jeune club encore puceau et, malgré son joli blazer, Daniel Hechter, on sent bien qu'il flotte un peu dans sa chemise rose fraîchement repassée.

C'est pourtant déjà à cette période qu'il va rencontrer sa plus grande histoire d'amour... Les joueurs brésiliens.

Si, pour les Rita Mitsouko, les histoires d'amour finissent mal, celle entre les enfants des favelas et le club à la tour Eiffel a décollé comme une fusée congolaise dans la troposphère.

Tout semblait se dérouler comme dans un conte de fées, Hechter et sa corbeille du show-biz voulaient faire de Paris un grand club et frapper un grand coup. Jean Djorkaeff, c'est bien, Michel Prost, c'est sympa, Jean-Claude Bras, c'est super, mais c'est pas avec ça qu'on va faire lever les foules à Saint-Germain-des-Prés.

Un homme peut faire passer le club dans une autre dimension et cet homme est tout simplement une légende, il vient tout juste de gagner sa troisième Coupe du monde.

L'objectif est clair, le roi Pelé portera les couleurs rouge et bleu.

La rumeur commence à enfler et l'espoir gagne du terrain dans les travées du Parc des Princes.

À Paris, on prépare déjà les plumes *auriverde* et les piscines de cachaça pour fêter l'arrivée du prodige.

Quelques semaines plus tard, un Brésilien atterrit à l'aéroport de Roissy-Charles-de-Gaulle, tee-shirt près du corps, petites lunettes de soleil et sourire Ultra Brite... C'est bizarre, il a changé Pelé, non ? Il paraît plus grand qu'à la télé ! L'avion vient bien de Sao Paulo et le mec a un sac du Santos FC.... Mais ça n'est pas Pelé, c'est Joel Camargo, un défenseur central aussi connu que Michel Prost et Jean-Claude Bras. Ça sent plus la banane que le Caju ou la Pitanga.

Une saison au club, deux matchs... Un bilan qui parle de lui-même et aussitôt arrivé, aussitôt reparti à la *casa*. À ce moment-là, on ne se dit pas que les hommes de la Seleçao seront les artisans des plus grands succès parisiens.

## Richard Niederbacher : y'a que le nom qui fait peur

1984, on a tous envie d'être Américains, de danser comme Michael Jackson, de cogner comme Stallone et de courir comme Tom Cruise, mais on chante comme Indochine, on pleure encore la mort de Tino Rossi et, en attendant, on espère que le Petit Papa Noël va nous apporter dans sa hotte un joueur qui aide enfin le club à gagner son premier titre de champion de France, à béqueter les Canaris en fricassée ou à la poêle. Seul problème, on a une équipe d'artistes devant, avec les Susic, Rocheteau et Dahleb qui régalent tous les week-ends mais, au final, Zobi la mouche, on reste scotchés à la quatrième place comme un cocu des J.O.

Il faut de la méchanceté et du muscle devant pour enfin se faire respecter, et pour ça quoi de mieux qu'un bon attaquant allemand des familles ? On sait que ça a fait ses preuves en 82.

Malheureusement, ça coûte un peu chérot et on n'a pas les moyens de se payer Rummenigge, Haloffs ou Völler. Quand tu ne peux pas t'offrir une Porsche, tu prends une Renault Alpine, quand tu peux pas choper Miss Monde, tu ramasses Miss Camping, quand t'es monté trop fin pour avoir un Allemand, tu recrutes un Autrichien.

L'heureux élu s'appelle Richard Niederbacher, beau bébé, charpenté comme une armoire normande en chêne massif avec des pieds en aggloméré. Il arrivera péniblement à scorer cinq fois sous la tunique rouge et bleu et laissera au club une trace très floue ; il est à ce jour le seul Autrichien de l'histoire du PSG, et Koncel, le gardien du Rapid de Vienne qui a pris le coup franc de Bruno Ngotty en 96, restera bien plus dans nos cœurs que ce quidam-là.

## Le rosbif trop cuit

Si je vous dis : un Anglais milieu de terrain passé par Manchester United et le Milan AC qui a fait un quart de finale de Coupe du monde et qui a porté notre maillot de lumière, vous me dites... David Beckham... Euh, ben non, c'est pas vraiment à lui que je pensais.

Bon, OK, le passage du *spice boy* dans la capitale a plus marqué la boutique Gucci des Champs-Élysées et le bar de l'Hôtel Bristol que les travées du Parc, mais rien que pour les larmes qu'il a lâchées lors du dernier match de sa carrière en sortant du terrain à la 72e, j'ai envie de le mettre de côté, surtout que l'Anglais auquel je pense est autrement plus un bide que le blondinet des Red Devils.

Quand Ray Wilkins signe à Paris à l'orée de la saison 87-88, c'est un mec de la bande à Capello qui débarque, un gars de la série A et, à cette époque, pour jouer chez les macaronis, fallait pas être Jocelyn Blanchard ou Landry Bonnefoi, c'était du lourd.

Alors, effectivement, pour du lourd, c'en était. Le pauvre Ray a traversé la première division comme Jean Alesi le passage au stand de Monza.

Il donnait l'impression terrible d'être en bout de piste à la manière de Michel Serrault dans *La Cage aux folles*. Ça sentait le moisi, et même Bernard Blier venant chercher son César d'honneur semblait plus frais... À peine quatre mois au club et Wilkins déguerpissait comme il était venu au Glasgow Rangers, en Écosse... Le théâtre du troisième opus de *La Cage aux folles*... Tout se recoupe.

## Geraldao : le tank en carton-pâte

Il est arrivé dans le même carton que Ricardo, un peu comme le bonus qu'on te propose sur Amazon avec écrit : « Vous aimerez aussi cet article. » Transféré du FC Porto champion d'Europe quelques années plus tôt, ça sentait bon l'expérience, et son duo avec le stoppeur du Benfica était un peu du Thiago Silva-Alex avant l'heure. D'autant plus qu'il arrive avec une belle réputation, celle de canonnier intraitable et, à en croire le président Michel Denisot, c'est un genre de Ronald Koeman en mieux avec une puissance de feu au bout du pied.

Prépare tes miches, Gaëtan Huard ! Planque tes mitaines, Jean-Luc Ettori, ça va piquer, le tank arrive... Bon, ben, 29 matchs plus tard, sa réputation de char d'assaut est justifiée par une vitesse d'accélération digne de celle d'une tortue asthmatique et son efficacité sur coup franc s'est réduite à un but contre l'AJA de Guy Roux. Il restera dans le cœur des Parisiens comme le ballon gonflable Muller dans le coin droit de la tribune Auteuil... Un gros truc moche qui ne servait à rien.

## Ouédec : le Van Basten du pauvre

Coco Suaudeau le définissait comme le Van Basten français, donc, déjà, si tu ne veux pas enflammer un joueur, c'est stratégiquement bien vu, surtout quand le joueur lui-même explique qu'il peut jouer avec n'importe qui dans n'importe quel système puisqu'un joueur intelligent s'adapte à tout. « Jacky, tu me remettras une part de melon, steuplait. »

Tout était pourtant réuni pour que cet élégant numéro 9 nantais nous fasse rêver et se glisse dans le sillage de son ancien compère des Canaris gloutons de 95. Attention, le Barcelone dont il est issu n'est pas celui de Johan Cruyff, mais bien l'Espanyol, faut pas rêver, à cette époque on n'avait pas un prince à turban qui pouvait faire claquer la clause libératoire d'un Rivaldo.

Avant de signer en Espagne, il nous avait claqué le beignet au Parc avec Nantes et soufflé un titre qui nous était promis. Ben, ouais, sans l'OM en D1, normalement, on devait tout rafler pendant dix ans, mais ça, c'est la théorie.

Tout commence comme dans un rêve avec Nico, dès le premier match amical d'avant-saison contre son ancien club catalan, il fait péter un doublé et bam ! Il est là, papa, et le record de buts marqués au PSG par Saphet Susic est irrémédiablement en danger... Van Basten va gentiment se transformer en vent tout court et repartir, quinze matchs plus tard, avec un seul but en championnat dans sa besace, c'est-à-dire autant que Geraldao. C'est bizarre, mais on n'a pas pris Pedros dans la foulée du coup.

## Sergueï Semak : le caprice d'un soir

Lui, c'est la vanne absolue, et comme Rabah Madjer a une talonnade à son nom ou Panenka un penalty au sien, encore aujourd'hui, un transfert carotte d'un gars qui te l'a mise bien en travers lors d'un match contre toi s'appelle une « Segueï Semak ».

Nous sommes en 2004 et le PSG retrouve la Ligue des champions avec un coach plein d'avenir en la personne de Vahid, le Bison de Mostar, et une attaque Pauleta-Ljuboja fournie en caviars par la triplette Coridon en 10 et Pancrate et Rothen sur les côtés, ce dernier sortant d'une finale de

Ligue des champions avec Ludo Giuly... Avec Pancrate, c'est deux salles, deux ambiances. Pour les caviars, on en restera à quelques tartines de blinis, mais, après des débuts compliqués en Ligue des champions, le PSG revient dans le *game* grâce à une victoire contre Porto au Parc et un but venu de l'espace d'un Charles-Édouard des grands soirs... Ou plutôt du grand soir puisqu'il n'y en aura pas d'autre et que le meneur de jeu à la touffe *valderramesque* n'aura qu'un éclair de génie lors de son passage porte d'Auteuil avant de disparaître en fumée.

Après cet exploit, il faut absolument taper le CSKA Moscou à la maison pour rejoindre le gotha en huitièmes de finale et faire oublier l'affront de Didier Drogba chantant « allez l'OM » devant la tribune Boulogne après son doublé avec Chelsea. Ceux qui l'ont vécu ont encore cette provocation en travers de la gorge comme s'ils avaient gobé un oursin.

En face, c'est une belle équipe russe, mais y'a vraiment pas de quoi arracher un cheveu peroxydé à Jérôme Rothen, à part peut-être le fameux Brésilien Vagner Love qui concurrence notre Jéjé, surtout capillairement.

Un homme va pourtant crever l'écran ce soir-là et, par la même occasion, d'autres parties plus charnues de notre anatomie de supporters, c'est Sergueï Semak. Hein ? Qui ça ? Oui, c'est bien lui, le milieu de terrain défensif moscovite qui va tout simplement nous coller un triplé en détente. Mais c'est qui, ce mec ? Il faut absolument l'acheter, il est génial ! Tu penses bien qu'on a cassé la tirelire direct pour ce génie qui était sûrement le nouvel Igor Belanov.

Résultat des courses, un passage fantomatique et il ne lui manquait que le drap blanc sur la tête pour être recruté dans un château écossais. Il a quand même marqué un but... Comme Ouédec et Geraldao.

## Alex Nyarko : le dépressif

En cette saison 2002-2003 il faut renforcer l'équipe qui a, à sa tête, la révélation de la dernière Coupe du monde, le chevelu et dentu Ronaldinho.

C'est quand même la superclasse d'avoir dans ses rangs un gars champion du monde en pleine éclosion qui casse les reins comme Tyson pète les mâchoires d'un corps ou comme Jennifer brise les tympans. Malheureusement, le danseur de samba n'est pas très opiniâtre au retour défensif et, pour combler les trous d'air laissés par le petit génie, il faut du lourd au milieu. Un boss, un monstre, une machine de guerre qui montre à l'adversaire qui c'est Raoul (pas le buteur du Real, le costaud des *Tontons flingueurs*).

Après un an à manger tous les milieux de terrain de Ligue 1, le grand Ghanéen allait tout déménager. Alors, effectivement, il a déménagé, mais à Everton après à peine 24 matchs.

La raison ? Mal intégré ? Non. Pas performant ? Non plus. Souvent blessé ? Pas du tout. Le gus a tout simplement fait une dépression nerveuse... Voilà. Tu recrutes un bloc en acier trempé et il est en balsa mouillé, le mec. Un burn out que la direction du club n'a jamais su expliquer. Rassurez-vous, il a regoûté aux joies du football lors de ses saisons suivantes au Danemark ou en Suisse avant de tout plaquer pour se reconvertir dans la religion. Si c'était pour ça, il y avait Ronaldinho comme figure christique et, franchement, même si c'était pas un prophète, c'était un pro de la fête.

## Hakan Yakin : l'étoile filante

Là encore, notre club chéri a écrit une nouvelle page glorieuse de l'histoire du foot. À l'aube de l'été 2003, le club a vu s'en aller sa perle *do* Brasil, son joyau de Porto Alegre, chez celui qui deviendra son ennemi continental, le FC Barcelone. Les Catalans, forts de leur toute-puissance, ne s'imaginent pas à cette époque que, 15 ans plus tard, on leur fera la même en mode Edmond Dantès (rien à voir avec les défenseurs brésiliens). Seulement, tout ça c'est loin et, pour l'heure, il faut trouver un remplaçant au roi de la *night* parisienne. Francis Graille et ses équipes nous ont dégoté un meneur de jeu de choix, un talent pur qui devrait ravir le Parc de sa maestria. Son nom ? Hakan Yakin, déjà, rien que prononcé, ça file des frissons, c'est con mais franchement, à talent égal, on te balance un Jean-Claude Frissonet, ben tu sautes pas au plafond pareil. Là, ça envoie du lourd.

Seulement, Hakan Yakin n'est pas qu'un nom, c'est aussi un excellent joueur, et diablement efficace. Pour preuve, il sort de deux saisons à plus de 15 buts, ce qui, pour un meneur de jeu, est carrément pas dégueu. Si on met de côté sa nuque longue des années 90 et sa caboche aux sourcils anguleux qui lui donnent la tête d'un méchant dans « OSS 117 : Coup de boule à Istanbul », il a tout pour nous régaler chaque week-end. C'était sans compter sur le légendaire karma de notre club adoré. À peine arrivé et le contrat signé en grandes pompes, avec photos des maillots floqués et sourire Ultra Brite du président Francis, les médecins du club décèlent un problème aux adducteurs lors de la visite médicale et veulent faire des analyses approfondies de la situation. Hop, hop, hop !! Doucement, les copains, le Suisso-Turc n'a pas confiance dans les hommes en blanc parisiens et décide d'être soigné pas des docteurs de chez lui. Coup de Trafalgar, les types lui diagnostiquent en plus une hernie discale qui nécessite une opération. Bien entendu, on ne demande pas l'avis du PSG qui retrouve le joueur quelques semaines plus tard avec des béquilles. Ça sent la banane à plein nez et on décide d'annuler le transfert. Tout ça pour ça... Mais rassurons-nous, les clés du jeu cette année-là sont redonnées à Branko Boskovic qui, sans son doublé en Coupe de la Ligue au Vélodrome, avait toute sa place dans ce chapitre.

## Albert Baning : le Chinois de Gérard

Gérard Houllier restera à jamais dans l'histoire du club pour avoir apporté le premier titre de Champion de France dans la capitale depuis le RC Paris en 1936. Gérard est un mythe, une icône, un intouchable, un gars qu'on respecte...

Il est donc difficile d'émettre une critique à propos de Monsieur Houllier, pourtant il a une petite tache sur son beau costume à paillettes parisien. En 2006, le président du club est l'un des historiques de la première heure, Alain Cayzac, et si, dans les affaires, il est sûrement intraitable, dès que ça touche le club, ben, il est comme nous, Alain... Le cœur parle avant le cerveau.

Son ami Gérard Houllier lui passe un coup de fil et lui balance un scoop que même les agents les plus influents du club n'ont pas dans leurs dossiers, il y a une pépite incroyable qui joue dans le championnat chinois et qui sera la grande star de demain.

Non ? Sérieux ? Mais c'est ouf, ça, et personne n'est au courant ? Le PSG allait avoir la primeur de faire signer le prodige Albert Baning. Bon, on ne va pas se mentir, le coup de Ronaldinho ou de Leonardo, ça ne tombe pas à chaque fois du ciel et, sur ce coup-là, Gégé nous a fait un sacré poisson d'avril avant l'heure. Le gugusse ne met pas un pied devant l'autre et ne foulera la pelouse du Parc qu'une seule fois... Et la blague, la plus belle vanne, la phrase que notre Gérard, alors coach de l'OL, avait balancée à son ami Cayzac : « Moi, j'avais voulu le prendre à Lyon, mais c'est con, j'ai dû me contenter de Juninho, Tiago et Alou Diarra »... C'est vraiment trop bête.

## Vampeta : le champion du monde... des danseuses à plumes

La saison 2000-2001 est celle de tous les espoirs et surtout d'un pari osé de la part de Laurent Perpère qui n'en est pas à sa première idée de génie : miser sur le retour des petits gars de Paname, redonner l'esprit du Paris banlieue « tac-tac, t'as vu, frérot, comment c'est d'la balle ». Pierre Lescure, le boss de Canal, actionnaire majoritaire, balance l'oseille, boum boum ! et v'là Anelka ! Bim ! Peter Luccin et Stephane Dalmat de l'OM ! Et badaboum ! Sylvain Distin qui vient juste d'humilier le PSG au stade de France avec Gueugnon en finale de Coupe de la Ligue.

Dire que l'alchimie entre ces petits gars du ter-ter et Bergeroo fut compliquée est un doux euphémisme et y'avait plus de chances que ça fusionne entre Herbert von Karajan et les G-Squad que là.

Conclusion, il faut d'urgence éjecter un des protagonistes et une occasion en or se présente, échanger Stéphane Dalmat contre un international brésilien en manque de temps de jeu à l'Inter, car barré par Seedorf ou Di Biagio.

Le type arrive à Paris tout sourire, chemise à fleurs et moustache à la Magnum et l'allure d'une star des films érotiques des années 80 sur M6. Il n'y aura qu'un seul vrai coup d'éclat pour ce Francky Vincent de Copacabana, mis à part un but lunaire où il dribble toute l'équipe de l'AJ Auxerre, c'est sa photo, nu, le sexe coincé dans les filets d'un but, pour un magazine gay brésilien, qui va défrayer la chronique. Il marquera Paris de son empreinte grâce à son sens du chaloupé sur les pistes de danse des différents établissements nocturnes de la capitale, et ses coéquipiers de l'époque le remercient encore pour ses soirées bien achalandées en compagnie de toutes sortes de danseuses affrétées directement d'Amérique du Sud pour l'occasion... Ça s'appelle le plaisir de créer des rencontres et de faciliter l'échange entre les peuples... Ça valait bien un salaire important, bien plus que les sept pauvres matchs joués en rouge et bleu.

Il n'en restera pas là, car son départ sera peut-être encore plus mythique que son passage.

Désireux de rentrer au pays pour mieux profiter des plages d'Ipanema et du carnaval, il oblige le PSG à se servir dans l'effectif du Flamengo dans le cadre d'un échange. L'Inter est aussi dans le business pour Vampeta, donc ce dernier sera échangé contre deux joueurs, l'un allant à Paris et l'autre à l'Inter. Les deux attaquants concernés sont Adriano, future star de la Seleçao avec Ronaldo, et Reinaldo, futur *onsépatro* de *onsépakoi*... Coup de bol, c'est Paris qui a la primeur du choix et, forcément... le club choisit Reinaldo.

Quand j'ai appris cette nouvelle, ça m'a rappelé une histoire belge que me racontait mon oncle Bernard.

« Tu sais pourquoi les Belges ont les frites et les Arabes ont le pétrole ? Parce que les Belges ont choisi les premiers. » Je rigolais tout le temps à cette vanne mais, depuis Reinaldo, j'ai arrêté de rire.

## Reinaldo : l'oublié de l'aéroport

Reinaldo est donc le choix du prince, enfin du Parc des Princes, et bien entendu, quand on recrute une future star de la Seleçao au PSG, on met les petits plats dans les grands et on n'a pas attendu Neymar pour faire un accueil de star hollywoodienne à nos pépites *do* Brasil.

Quand il atterrit à l'aéroport de Roissy-Charles-de-Gaulle avec des rêves plein la tête, notre cher Reinaldo n'imagine pas une seconde ce qui va l'attendre à l'arrivée. À votre avis, une batucada de Sao Paulo qui met un barouf de tous les diables à sa descente sur le tarmac ?

Non, mieux. Une trentaine de danseuses cariocas parées de plumes multicolores pour une samba qui l'accompagnera jusqu'au Camp des Loges ? Mais non, encore mieux.

Un char flamboyant digne des plus grands carnavals pour l'emmener au Parc ? Pas du tout, enfin.

Ce qui attendait Reinaldo à son arrivée, c'est... personne, rien, nada, que dalle, peau d'balle.

Le type a attendu à l'aéroport tout seul comme un glandu, car le club avait oublié d'envoyer quelqu'un pour le récupérer... Si, c'est possible, en tout cas pour Paris c'est pas un problème.

Une belle histoire d'amour qui commençait de la plus romantique des façons et qui s'est terminée comme un plan Tinder avec retour au Brésil quelques mois plus tard, à Sao Paulo, où, là, un taxi l'attendait à la descente de l'avion.

## Apoula Edel : le gardien de parking

Si je vous dis : Arménien au PSG, vous me répondez immédiatement Youri Djorkaeff et ses buts fantastiques, sa relation les yeux fermés avec Raí, sa frappe contre La Corogne, la victoire en Coupe des coupes... Hop ! hop ! hop ! On se calme ! Pas du tout, désolé de vous casser dans votre élan, mais, au risque de vous froisser, je vous rappelle que Youri est français et il me semble même qu'il était dans l'épopée de 98 avec Zizou mais je peux me tromper.

Le seul Arménien, le vrai, qui a porté les couleurs du club, c'est Apoula Edel. Il est vrai qu'à son arrivée ce détail nous avait échappé tant il n'avait pas le morphotype caucasien auquel on pouvait s'attendre. Le gamin étant né dans la banlieue de Yaoundé, cela pouvait expliquer certaines choses. Il avait en fait récupéré la nationalité arménienne à la suite d'un transfert dans un club à Erevan. T'en veux de la magouille de pieds nickelés, eh ben, t'en as.

Ce petit détail mis de côté, la vraie question est de savoir pourquoi un jeune gardien qui a échoué à tous les essais dans les réserves de Marseille, d'Istres, de Bordeaux et de Benfica a fini par débarquer au PSG, surtout qu'il venait de faire un an à la Gantoise, prêté par Bucarest. Entre son parcours et son passeport, tu croirais à un Kamoulox.

Bon, tout ça, c'est pas bien grave vu qu'il est juste là pour faire doublure du grand Grégory Coupet, international français, qui va faire passer un cap au club grâce à... ah, ben non.

Après une blessure à la cheville que l'ancien Lyonnais se fait tout seul au Parc en voulant sauver un corner, Apoula se retrouve en première ligne. Ho ! Ça va ! C'est juste le temps de dépanner, du moins, c'est ce que l'on croit. Notre cher Greg, dans une interview, balance sans bégayer qu'Apoula est la relève, le gardien de l'avenir, et que, grosso modo, ça ne le dérange pas de lui laisser la place pour qu'il puisse s'épanouir. Ah, le salopard ! Le coup dans le dos qu'on n'a pas vu arriver.

Le prodige du pays d'Aznavour aura le mérite de mettre un magnifique but à la Madjer contre Monaco dans un match hyperimportant devant le public en folie du Parc des Princes... Un but contre son camp... Mais il était beau et on s'en souvient.

# Jean-Claude Robineau

La tradition des Brésiliens a eu des hauts et des bas, mais, avec ce spécimen, on se demande encore s'il ne s'est pas glissé en scred dans la valise de Souza, le numéro 10 de Sao Paulo, tellement il ressemblait à tout sauf à un footballeur. Conseillé par Valdo qui devait sortir d'une soirée un peu trop arrosée à la caïpirinha, il arrive en se donnant le surnom de nouveau Robinho... Quelques entraînements plus tard, ses coéquipiers l'appellent Jean-Claude Robineau. Qui est vraiment le responsable de ce transfert ? Tout le monde se renvoie la patate chaude... Ah oui, au fait, son nom, c'était Everton... Mais pas la peine d'encombrer son disque dur interne avec ce jeune pied carré. Il a quand même porté trois fois la tunique rouge, histoire d'être sur la photo et de récupérer les équipements du club. S'il a réussi à gratter un ou deux autographes de joueurs, il n'aura pas totalement perdu son temps.

# Jesé l'anomalie

Quand le Real Madrid décide de lâcher un joueur, c'est jamais bon. S'il te le prête, à la limite, ça peut faire la blague, car ils veulent juste lui donner du temps de jeu qu'il n'aura pas dans la maison blanche, et il y a quelques bons exemples comme Morata à la Juve ou Morientes à Monaco et, dans ces cas-là, les deux joueurs ont emmené le club en finale de Ligue des champions. Waouh, génial ! En revanche, quand le Real te vend une de ses merveilleuses pépites, c'est qu'il y a une carotte et celle-là, tu vas pas l'avaler par la bouche.

Unai Emery, dans sa grande appétence pour tout ce qui est espagnol, arrive à convaincre le PSG que Jesé dont le Real ne veut plus est une super affaire et, franchement, 25 millions d'euros, c'est cadeau. C'est effectivement un beau cadeau pour les Madrilènes et, quitte à acheter espagnol, il valait mieux miser sur le chorizo ou la *pata negra*. Pour ce prix-là, on en avait un cargo.

Jesé arrive avec l'allure du client du mois chez « Royal Kebab » et ne met pas un pied devant l'autre à chaque apparition. Il se trouve qu'il ne s'est jamais vraiment remis de son genou pété et que, pour couronner le tout, il n'a plus trop la tête au foot. Ah ben, c'est un peu ballot parce que, nous, figure-toi qu'on comptait un peu dessus pour que tu puisses faire partie de l'effectif, mon copain. Celui qui est arrivé dans un panier garni avec Ben Arfa et Krychowiak profitait d'un joli salaire de 400 000 euros par mois, et c'est bien le minimum quand t'as autant de temps libre pour faire du shopping.

Avec un contrat juteux de quatre ans, on peut parler d'un sacré boulet que t'aimerais pas te prendre du cinquième étage sur la tronche. Après des prêts émaillés d'échecs à Las Palmas, Stoke et Benfica, il revient, la queue entre les jambes, avant de partir libre.

Le sans-faute.

Choupo-Moting devait entrer dans cette catégorie des transferts lunaires et avait mis la barre très haut lorsqu'il avait réussi, lors d'un match face à Strasbourg, à empêcher une balle de rentrer dans le but alsacien en la bloquant sur la ligne… Nkunku croyait, ce jour-là, marquer son premier but avec le PSG après une magnifique balle piquée sur le gardien, mais Choupo passé par là sauva les Strasbourgeois. Rien que ça, ça méritait un satisfecit.

Malheureusement, l'international camerounais à l'accent allemand allait tout gâcher dans le final 8 de la Ligue des champions 2020... Dans les dernières minutes du match contre l'Atalanta, à peine entré en jeu, il déclenche la passe qui amène l'égalisation avant de marquer le but de la qualif. Rien qu'avec ce quart d'heure de gloire il a remboursé son transfert et ne peut donc pas figurer dans ce « *hall of shame* »... Tout comme Boskovic pour son doublé au Vélodrome ou Charles-Édouard Coridon avec son coup du scorpion sur Vitor Baia en Ligue des champions.

Le Paris Saint-Germain a une vraie tradition de joueurs brésiliens, et si on peut faire un onze magique avec les meilleurs, il n'est pas compliqué d'en faire de même avec les pires.

## Le Onze « samba les steaks »

Andre Luiz, Camargo, Geraldao, César, Edmilson, Vampeta, Sousa, Everton, Aloisio, Adailton, Reinaldo...

# Chapitre 3

# LES PIRES COACHS

On ne peut pas être un grand club sans avoir eu de grands coachs, pourtant le PSG a, sur son tableau d'honneur des hommes de banc, une belle guirlande de pieds carrés du tableau noir, de Bozo de la causerie et de schizos de la conf de presse. À tel point que ceux qui resteront dans le cœur des supporters se comptent sur les doigts de Django Reinhardt.

Ce qui est le plus goûtu, c'est quand l'entraîneur arrive avec un palmarès ou une étiquette de *fuoriclasse* et qu'il repart comme un vendeur de chez Monsieur Meuble qui n'a pas fait son chiffre.

## J.-M. Larqué : Jean-Michel largué...

Le PSG fête ses sept ans et, en bon puceau de la première division, n'a toujours pas gagné un titre malgré un beau projet et un propriétaire ambitieux en la personne du roi de la sape, j'ai nommé Daniel Hechter. Just Fontaine, grande figure du foot français, a fait ses armes comme entraîneur de club à Paris et n'a pas démérité puisqu'il l'a fait monter en première division trois ans plus tôt. Malgré sa jeune histoire, le PSG doit marquer le coup et prendre un cador pour monter en grade. Là, le visionnaire de la haute couture (pas Paco Rabanne... Daniel) décide d'aller chercher un homme expérimenté, un homme titré, un homme qui a vécu des grandes soirées de Coupe d'Europe dont une finale de Coupe des clubs champions... Oh ! Là ! Là ! Arrêtez ce suspense insoutenable, mais c'est qui ????

Jean-Michel Larqué... Euh, attendez, il n'est pas joueur, Jean-Michel Larqué ? Il n'était pas capitaine de l'ASSE l'an dernier ? Ben si. Et ça ne serait pas mieux de le prendre comme joueur ? Hahaha ! Mais c'est là qu'on fait la dif, car on le prend comme joueur... et comme entraîneur.

Et voilà, c'est parti, le premier épisode d'une grande série de blagues « *made in Paris* » est lancé.

Vous me direz que des entraîneurs-joueurs, dans l'histoire du foot, il y en a déjà eu et c'est pas une première. Je répondrai que des types qui ont joué à colin-maillard sur l'autoroute par temps de brume, y'en a sûrement eu aussi mais que la proportion de ceux qui s'en sont sortis sans faire la bise à un pare-chocs est assez faible.

Toujours est-il que l'homme aux 100 buts sous le maillot des Verts a une tâche sacrément ardue avec cette double casquette.

Carlos Bianchi, l'attaquant argentin, véritable fer-de-lance de l'équipe, inscrit 37 buts en championnat et propulse le PSG à une formidable... onzième place.

Jamais une équipe n'avait été aussi mal classée avec un buteur pareil, c'est limite à mettre au crédit de Jean-Mimi qui, s'il s'était vu sur le banc, aurait dit à Thierry Roland : « Ah ! Visiblement, le coach a l'air d'être dans le zig pendant que ses joueurs sont dans le zag. »

Une chose est sûre, le capitaine de l'équipe et l'entraîneur s'entendaient à merveille et parlaient d'une seule voix. Il était assez rare que Jean-Michel le joueur se prenne le chou avec Larqué l'entraîneur, de même que Larqué n'hésitait pas à demander conseil à Jean-Michel pour sa compo d'équipe.

Étonnamment, cette magnifique entente digne de Dupond et Dupont ou des frères Dardenne n'a pas suffi à enflammer le Parc des Princes et Jean-Michel et son copain Larqué ont quitté la capitale au bout de deux ans. Enfin, quitté la capitale, ce n'est pas tout à fait exact, puisqu'il est rattrapé au vol par les Paris FC qui lui proposent un contrat de... joueur-entraîneur. *So* Paris.

Les grands numéros 10 ne font pas toujours les grands coachs, et surtout à Paris, et on va payer pour voir.

## Alain Giresse : le Girondin du bordel

Les années Canal Plus ont garni l'armoire à trophées du club où le titre de champion de France 1986 et les Coupes 82 et 83 jouaient à la marelle dans un corridor bien avant l'arrivée de la chaîne cryptée.

Michel Denisot peut quitter la présidence le cœur léger et la valise remplie de breloques pour laisser place à son collègue de Canal, le grand Charles Biétry.

Première décision de ce dernier : donner sa chance à un grand numéro 10 du championnat de France qui nous a tous fait rêver dans les années 80. Non, ce n'est pas Michel Platini qui a un destin bien plus prestigieux que de manager des casse-bonbons avec un survêt et un sifflet pour bagage. Celui qui est l'élu est Alain Giresse, notre Gigi national.

À la différence de Jean-Michel Larqué, Giresse n'est pas un novice dans le métier et le PSG, récent vainqueur d'une

Coupe d'Europe, ne peut se permettre de jouer les apprentis sorciers.

Le stratège girondin a quand même entraîné le Toulouse Football Club et puis ensuite... Ben, c'est tout, voilà, c'est donc ça, le C.V. du nouveau patron technique du PSG. Ça sent l'ambition démesurée.

Bon, allez, on peut quand même donner sa chance au produit, le gars connaît le haut niveau comme personne et a fait deux demi-finales de Coupe du monde, donc c'est pas non plus un zozo de district, il sait parler aux grands joueurs.

Ça tombe bien, Charly casse sa tirelire pour lui offrir une équipe prête à aller chercher le titre avec une attaque Gravelaine-Simone-Okocha.

Le numéro 10 nigérian qui avait éclaboussé de sa classe la Coupe du monde en France faisait déjà saliver et on n'attendait plus que la patte de Gigi pour orchestrer tout ça.

L'image de Giresse entraîneur à Paris, c'est sa tête éberluée sur le but d'Okocha à son entrée en jeu contre Bordeaux alors qu'il venait à peine de poser ses valises dans la capitale.

Après deux dribbles chaloupés dont il a le secret, Jay-Jay décoche une frappe à la trajectoire incurvée façon *Olive et Tom* qui va se loger dans la lucarne d'Ulrich Ramé.

Ouh ! Là ! Là ! Gigi n'en revient pas et la France du foot est prévenue... Enfin, elle est prévenue un peu tard, car le PSG, ce soir-là, perdra quand même 3-1, Bordeaux finira champion et Alain Giresse, lui... ne finira pas puisqu'il est viré début octobre après une piteuse défaite au Parc contre Lens. Marco Simone, qui rate un péno ce jour-là, dira au micro de Canal

Plus : « Je suis désolé pour Alain Giresse. » Ben pas tant que lui, mon pote.

Le grand Charles se rend compte de son erreur et se dit qu'il faut tenter un coup pour rattraper la situation. C'est là que la deuxième idée de génie illumine la boîte crânienne du président parisien.

« Les gars, si on rappelait une ancienne gloire du club ? Un gars qui a gagné et qui fait l'unanimité ? »

« Mais ouais, carrément ! Tu penses à qui ? »

« Ben, à Arthur Jorge, pardi ! »

C'est génial, pourquoi on n'y avait pas pensé plus tôt ? Eh bien, la réponse ne va pas tarder à tomber sur vos téléscripteurs, comme on disait à l'ORTF.

## Arthur Jorge 2 : le retour du mort-vivant

On aurait dû se douter que ça allait partir en cacahuète, on aurait dû voir arriver la banane. Pourtant, ne faisons pas les faux-culs, on y a tous cru comme on a tous cru mille fois que le retour d'une ex, ça pouvait marcher, que faire du neuf avec du vieux, c'était la solution miracle.

Seulement, la réalité, en général, te revient dans la tronche comme un boomerang en Kevlar.

Là où on est vraiment tombés dans le panneau, c'est quand on a appris que Denis Troch, qui jouait la montée avec Le Havre en tant que coach principal, plaquait tout pour revenir à Paris faire l'adjoint d'Arthur. Jamais tu vois ça, à part dans les films américains des années 90, où t'as le gars qui reforme sa team pour un dernier casse, et que les gars, même rangés des bagnoles, ils disent banco. Alors, forcément, comme dans les films, t'as envie d'y croire.

T'as pas envie de rationaliser, parce que si tu rationalises, tu te rends compte que le plus portugais des deux moustachus, il sort de deux expériences totalement foirées avec Vitesse Arnhem et Tenerife, deux clubs dont la grandeur footballistique n'arrache pas la cornée au premier regard.

On ne mettra pas longtemps à se rendre compte que le pauvre monsieur Jorge est complètement cramé et c'est avec une grande tristesse que les Dupont et Dupond du foot lâchent la rampe au début du mois de mars.

## Vahid Halilhodzic : joga vomito

L'arrivée du technicien bosnien n'est pas le fruit du hasard mais d'une longue réflexion maturée, comme savent la faire les dirigeants parisiens. Le challenge est de taille puisqu'il faut succéder à la plus grande légende du club, le porteur d'eau du carré magique Luis Fernandez, l'enfant du Parc. Luis étant revenu aux affaires, vu qu'on n'apprend jamais de ses erreurs et qu'on s'est dit, comme pour Arthur Jorge, « Tiens, si on faisait revenir une ancienne gloire, patati patata », on connaît la chanson.

Coach Vahid avait donc fort à faire, surtout qu'il voyait partir le prodige brésilien Ronaldinho vers le Barça sans avoir pu une seule fois s'amuser avec le jouet.

Quand on connaît le style Halilhodzic, on se dit que la mayonnaise aurait vite tourné vinaigre entre le danseur de samba et le Bison de Mostar.

Le credo du Bosniaque tient en un mot… Discipline. Entre son visage fermé comme une porte de pénitencier turc et son accent d'espion venu du froid, on se croirait dans un remake bon marché de « James Bond au pays des Soviets ». Tu m'étonnes que ça file droit à l'entraînement, quand il te demande l'heure, t'as l'impression que ta réponse pourrait te valoir d'être pendu par les pieds à 10 cm d'une scie circulaire ou jeté dans un marigot de crocodiles les mains attachées et badigeonné de sang de bœuf. Ses conférences de presse rappellent les pétages de plomb de Nikita Khrouchtchev et il s'en faut de peu pour qu'il fracasse son pupitre avec un crampon à chaque question qui dérange.

La première année se passe plutôt sans encombre et, malgré un style de jeu qui fait autant rêver que des vacances à Rostock, le PSG se hisse à la force du poignet à la deuxième place du classement et décroche une place en Ligue des champions grâce à un Pauleta d'une efficacité diabolique et 23 buts toutes compétitions confondues avec Benachour et Boskovic comme meneurs de jeu, c'est limite du David Copperfield.

Francis Graille, dans un élan d'optimisme, galvanisé par ce retour sur la scène européenne, veut donner à coach Vahid les moyens de tout casser en Ligue des champions. Jérôme

Rothen, fraîchement finaliste de la Coupe aux grandes oreilles, est la figure de proue du mercato estival.

Tout ça, c'est bien gentil, mais coach Vahid, lui, le football champagne, il s'en tamponne comme de ses premiers treillis et il garde le même cap : discipline ! Discipline ! Discipline !

Ça démarre plutôt mal avec le départ de dernière minute de Fabrice Fiorese pour l'OM.

Vahid, qui considérait le milieu droit comme son fils spirituel, vit ça comme une véritable trahison et déclarera dans une conférence de presse mémorable : « Quand j'ai appris la nouvelle, j'ai vomi. »

Bon, reconnaissons tout de même le courage du petit Fabrice qui a osé défier Vahid… Beaucoup ne l'auraient pas fait de peur de voir arriver trois types, dont un barbu de deux mètres avec un œil de verre, qui vous mettent un coup de perceuse dans le genou pour vous apprendre la vie… Bon, OK, c'est un peu fantasmé, mais quand même.

Le club a malgré tout fière allure sans son passeur favori, mais la phase de poule de Ligue des champions est une cata et Paris est éliminé froidement avec un Didier Drogba qui chante « Allez l'OM » au Parc en mettant un doublé avec Chelsea. En championnat, c'est pas mieux et le ventre mou semble la place confortablement choisie par les Parisiens.

La méthode *Full Metal Jacket* ne marche plus vraiment et la parano s'installe. L'hiver approche et la crise traditionnelle l'accompagne de son grand manteau blanc, c'est le moment idéal pour craquer complètement. L'ancien coach lillois ne s'intéresse plus aux résultats en championnat mais part en croisade contre son nouvel ennemi… la taupe.

Eh oui, ça y est, il en est sûr, il y a une taupe dans le vestiaire parisien qui divulgue tout ce qui s'y passe et c'est ça qui sème le trouble et empêche la bonne tenue du groupe. Cela peut être tout le monde, alors tout le monde rase les murs... L'atmosphère est pesante et moite comme dans un sauna de Marrakech sauf que les masseuses ne viennent pas pour câliner les vertèbres.

Vahid ne trouvera jamais la taupe mais ira la chercher en creusant dans un autre jardin que le Parc des Princes, il est débarqué à la mi-février sans ménagement.

## Guy Lacombe : Guy la Brocante

Dans cette histoire, on touche au sacré, donc il faut y aller avec des pincettes. Après les épisodes Fernandez et Halilhodzic, on avait misé sur un gars du cru, un gars de chez nous et surtout le premier de la génération Ginola-Weah, c'est-à-dire Laurent Fournier. Forcément, le Lolo c'est un mec super-attachant et on avait tous le sentiment que c'était un bout de cette époque qui renaissait avec son arrivée. Lolo c'est la bagarre, c'est le type qui a la tête qui fume à la fin des matchs avec une espèce d'épi intraitable que t'aurais même pas aplati avec un fer à repasser. L'histoire était encore plus belle du fait que l'équipe tournait pas mal et que ça jouait bien, les résultats suivaient et, arrivés à la trêve hivernale, on se retrouvait tous dans les cafés pour fêter ce classement miraculeux qui nous voyait à 5 points du leader.

On jouait le titre, frérot, on était dans la course. Et puis le cynisme est venu s'immiscer dans notre beau paysage idyllique pour jeter Lolo comme une chaussette sale... C'était vraiment dégueulasse. Bon, une fois que ça, c'est fait, on imagine que, s'ils ont mis Lolo à la porte, c'est parce qu'en coulisses ils ont réussi à enrôler une grosse pointure européenne, un cador, un genre de Capello ou de Guus Hiddink. Eh bien, c'est pas un Guus qui va arriver mais plutôt un drôle de gugusse. *Ladies and gentlemen*, monsieur Guy Lacombe... Voilà.

Sur le coup, tu te dis : « Ah, c'est marrant, le mec a le même nom que l'entraîneur de Sochaux. »

Ben, c'est normal, c'est l'entraîneur de Sochaux. Le mec à moustache avec son accent aveyronnais qui a fait 10e de D1, c'est pour lui qu'on a dégagé Fournier ? Ce jour-là j'ai compris que l'alcool serait mon meilleur allié pour aller au bout de la saison.

C'était plutôt bien vu puisqu'elle sera en tous points interminable et, cependant, Guy la Brocante, avec ses belles moustaches, arrivera à remplir son objectif. Le PSG, cette année-là, finit 9e de Ligue 1... C'est une place de mieux qu'avec Sochaux et vous faites la tronche ?

Ben, je sais pas ce qu'il vous faut, les mecs. Ah oui, pardon, grâce à un but de Vikash Dhorasoo venu d'une dimension qui va au-delà de la Twighlight Zone, de trente mètres dans la lucarne de Fabien Barthez, on remporte la Coupe de France sur un *classico* d'anthologie.

Guy Lacombe était adapté à Paris comme la sauce barbecue aux saint-jacques poêlées ou Nikos Aliagas au Hellfest. Pas dans le style, erreur de casting, pas aimé des joueurs ni des supporters... On peut dire qu'on est sur un grand chelem du plantage de choix de coach.

Bravo, Mister Blayau.

# Paul Le Guen : la « banane » de Pencran

Le souvenir du passage de Lolo Fournier est encore vivace et on est plus que jamais nostalgiques des années Canal qu'il représentait. Les années de plomb de Colony Capital me donnent l'impression de vivre une sale période et j'ai l'oreille collée aux infos sportives pour savoir quand ils vont enfin vendre le club. On achète plus vraiment de joueurs, on a plus de projets... Je comprends presque ce que vit un supporter de Rennes... Presque.

La patate Guy la Brocante avait pris fin et on voyait déjà arriver la prochaine blague. Qui, cette fois ? L'adjoint de l'entraîneur de Caen ? Le coach des U17 de l'Albanie ? Un prof d'E.P.S. du lycée Claude Bernard ? PAUL LE GUEN !!! Quoi, non, mais c'est pas vrai ? Un coach triple champion de France qui est une légende du club ? Vraiment, c'est pas un poisson d'avril ?

Tavernier ! Balance une girafe de Stella, cette année, c'est clair, on joue le titre !

La nostalgie a parfois des relents amers mais, là, on n'a pas idée à quel point on va avoir un goût de vomi frelaté au fond de la gorge. Sur le papier, hormis Polo, on a une équipe pas dégueu quand même. L'attaque Rothen-Diané-Pauleta-Luyindula, y'a de quoi faire flipper sévère.

Mission accomplie car, pour flipper, on a flippé comme jamais dans l'histoire du club. Ah ! On voulait revivre des émotions et on les a vécues. Paul Le Guen, dès son arrivée, se braque avec beaucoup de gens du club, dont son ancien coéquipier Alain Roche qui est directeur sportif.

## Unai Emery : le remontadé

Laurent Blanc, au final, on l'aimait bien, il n'était pas très expressif et sa statue au musée Grévin semblait plus tonique que lui, mais finalement on l'aimait bien. Il est mort d'une attaque au périscope, un truc qui n'arrive plus depuis le temps des galères et des pirates. Serge Aurier a eu sa peau indirectement, même si, à vingt barres d'indemnités, moi, je veux bien me faire virer tous les jours. Le problème, c'est que, malgré un bilan plus qu'honorable, il a traîné l'étiquette du huitième choix. Forcément, lorsqu'il s'agit de lui trouver un remplaçant, on met la barre à une hauteur qui peut donner le vertige à Lavillenie.

Moi, comme tous les rageux qui en ont marre de passer pour des pignoufs en Europe, j'ai envie d'un Mourinho ou d'un Guardiola ou d'un Simeone ou d'un Mourinho ou d'un Jürgen Klopp ou d'un Mourinho... Enfin peu importe tant que c'est Mourinho.

Évidemment, tout ça est trop compliqué, mais il y a un gars qui paye pas de mine comme ça mais qui vient d'enchaîner trois victoires d'affilée en Europa League avec Séville. Héhéhé ! Pas mal, ça, c'est déjà plus que tout le football français réuni, ça sent plutôt bon.

Comme il est pas trop entraîneur de stars, on va pas tomber dans le piège de la vedette hors de prix et on lui met dans les pattes Krychowiak, Ben Arfa, Jesé et, surtout, c'est la première année sans Zlatan, vous savez celui qui vampirisait le vestiaire. On s'en pourlèche déjà les babines. Adieu le 4-3-3 de Lolo White et en avant les 4-4-2 évolutifs… Pardon, je voulais dire au revoir et non pas adieu, car il va vite renier ses principes pour justement revenir au fameux trio du milieu qui colle à cette équipe comme un sparadrap aux pompes du capitaine Haddock. En ce qui concerne la Ligue des champions, c'est l'année pour enfin arrêter de bloquer en quarts de finale. Premier obstacle sur la route du natif de Fontarrabie, le FC Barcelone de Messi, de Suarez et de Neymar, plus communément surnommée la MSN par tous ceux qui trouvent qu'on ne met pas assez de marketing dans le foot. Le match aller au Parc ressemble à un parcours du combattant et un véritable test pour coach Unai. Je suis au Parc des Princes avec la sensation que, de toute façon, ça ne peut pas être pire que la déculottée de 2015 et le petit pont de Suarez sur David Luiz. Je ne sais pas, au moment du coup d'envoi, que je vais assister à un récital historique qui restera dans ma mémoire… trois semaines.

La suite, on la connaît et elle, on l'évoquera plus tard… On n'est pas pressés de se faire du mal.

Il se passe la chose dont on ne doit pas dire le nom et, là, on a la réaction logique du « Bon ben les gars, je crois qu'on s'est tout dit, on va gentiment retourner dans la pampa *castillana* et vous laisser tranquilles, on va devoir digérer tout ça et trouver un nouvel entraîneur… Donc, Unai tu passes à la compta chercher ton chèque et tu nous enverras une carte postale des Maldives ou de Port Barcarès, c'est toi qui vois. »

Ça, c'est ce qui aurait dû se passer si on avait été un club normal… Mais on n'est pas un club normal et l'Espagnol, avec sa tête de merlan frit tellement traumatisé qu'il a la bouche en trapèze à la moindre interview d'après-match, on finit par lui trouver tous les défauts du monde tant il nous agace. Même les cheveux gras, il les avait déjà, mais tant qu'on gagnait, on prenait ça pour de la brillantine.

Cette année, en plus de l'humiliation ultime, on perd le titre face au Monaco de Kylian Mbappé... La goutte d'eau ? Penses-tu, Lulu, trop critiqué pour changer de politique sportive comme de projet immobilier à Doha, Nasser décide de redonner sa chance à Emery.

Son allure de victime ne passe plus au regard des ultras intransigeants et assoiffés de vengeance que nous sommes. Le match retour sans caractère et sans envie de huitièmes de finale de Ligue des champions 2018 contre le Real parachèvera son œuvre dans la capitale. Pour certains, le costume est trop grand, pour lui, il faisait office de housse de couette. Merci, monsieur et bon vent.

# Chapitre 4

## LES REMONTADAS

## ACTE 1

Quand on y regarde bien, notre armoire à trophées, c'est pas le rayon caviar de chez Lidl, y'a du matos et ça prend plus de temps à faire astiquer que les médailles de la plupart des clubs de l'Hexagone, mais si on peut avoir une vraie fierté, c'est bien d'avoir contribué à imposer un nouveau mot dans le dictionnaire de la langue française… J'ai nommé : la remontada.

C'est pas rien quand on y pense et, en cherchant bien, ce n'est pas si courant.

Le mot magouille existait bien avant l'OM de Tapie, qui n'a fait que le remettre au goût du jour, et celui de paysan avait quelques siècles d'avance sur les déplacements des supporters visiteurs au Parc des Princes. Bien entendu, dans cette expression hispanisante ne ressort rien de positif et c'est bien souvent là le projet en ce qui concerne le PSG. Il en va de même pour les expressions, si d'autres ont « le jeu à la nantaise » ou « le corner à la rémoise », nous avons « la crise de novembre ». Finalement, ce sont les Guignols qui nous ont permis de sauver l'honneur avec le verbe zlataner.

Le mot remontada est tellement entré dans les mœurs qu'on l'utilise à tort et à travers pour n'importe quoi. Excusez-moi de penser que cette expression ne devrait être employée qu'à des moments exceptionnels, car on peut dire que la « derota » du Camp Nou est un modèle du genre. Aujourd'hui, une équipe remonte un score de 1-0 à la mi-temps, et c'est une remontada.

Et c'est pas le pire, on utilise aussi le mot pour tous les autres sports, si bien que ce qui, avant, était juste le fait de revenir à deux sets partout au tennis après avoir perdu les deux premiers est devenu une remontada. On ne pouvait plus passer deux jours sans l'entendre à tout bout de champ sur les chaînes de sport, j'avais envie d'exploser mon écran plat (mais je ne l'ai pas fait, ça fait trop supporter marseillais et je n'étais pas sponsorisé par une marque).

Le pompon est bien sûr que, maintenant, même en dehors du sport, il est balancé comme une pièce de deux euros à la messe. Mélenchon reprend huit points dans les sondages alors qu'il était donné dernier, c'est une remontada, Nadège rattrape son retard sur Karim dans l'élaboration de son gâteau pour *Le Meilleur Pâtissier*, c'est une remontada. J'ai même vu un avocat crier à la huée en sortant du tribunal après un renversement de décision de justice dans une affaire d'euthanasie : « C'est une véritable remontada »... On touche le fond et on creuse.

Si le mot remontada est finalement tout récent, il est en vérité ancré dans l'histoire du PSG, au plus profond de son ADN et depuis bien plus longtemps qu'on ne le pense.

## Le but de Zamorano

Ça peut apparaître complètement dingue, mais le premier épisode de cette saga est peut-être le souvenir le plus intense que tous les supporters du PSG de plus de 40 ans ont connu. À l'époque, ce que l'on prend juste pour un moment d'émotion fédératrice est en fait un résumé de ce que peut procurer ce club en termes d'ascenseur émotionnel.

En mars 1993, le PSG a une histoire européenne riche comme un vendeur de skis à Marrakech et la campagne qui se profile ressemble au début d'une grande aventure.

Personnellement, ça ne fait que quelques mois que je suis abonné au Parc vu que mes imbéciles de parents préféraient lire des bouquins plutôt que de regarder des matchs et aller au théâtre plutôt que de m'accompagner au stade. Pardon, mais Antigone ou Scapin n'ont jamais mis un coup de tête dans la lucarne de Paco Buyo sur un centre de Valdo, que je sache.

Ah ! Tiens, justement, revenons à ce jour de mars 93 où j'allais vivre ma première grande vibration européenne. On avait beau sentir qu'il se passait quelque chose après l'élimination sereine du Napoli de Careca et en tremblant de l'Anderlecht du géant à moustaches Philippe Albert, on ne pouvait imaginer le scénar de cette soirée. Attention, il n'est pas question ici d'entrer dans un délire nostalgico-euphorique ou alors c'est qu'on ne s'est pas bien compris sur la thématique du livre, c'est pourquoi, en l'occurrence, je vais mettre le focus sur ce qui aurait pu ou dû être le premier vrai traumatisme européen du club.

« Qu'est-ce que tu me racontes là, Willy ? » aurait dit Arnold quelques années plus tôt, eh bien, calmos, les gars, on y arrive.

Le match aller a été un véritable cauchemar comme sait si bien en vivre le PSG, on domine le Real, on fait une première mi-temps de dingues avec un Gino des grands soirs. Tout ça ne va évidemment pas en rester là puisque les Madrilènes, d'un réalisme froid, nous plantent deux banderilles avant la mi-temps, dont un but gag sur corner alors que Bernard Lama replace ses joueurs... Gaguesque. J'ai envie de buter mon écran Black Planar de Thomson, mais je prends conscience qu'il est un peu à mes parents aussi et, par respect de la vie de famille, je me retiens. Heureusement, dès le retour du vestiaire, le roi David réduit l'écart sur corner... J'embrasse le poste de télé. On pousse, on pousse, c'est sûr, on va égaliser, enfin, c'est ce que notre naïveté de jeune club prépubère nous laisse croire. Alors que la délivrance semble proche, les Blancos dégainent un contre où Michel, seul face au but vide, assure d'un plat du pied... Sauf que le but n'est pas vraiment vide et Alain Roche sauve de la main, donc penalty et carton rouge pour l'un des deux piliers de la défense rouge et bleue.

C'est forcément un signe du destin et Bernard en feu va nous le sortir. Michel s'élance, tire, et Lama, d'une main ferme, stoppe la route du ballon, je saute de mon fauteuil mais je n'ai pas le temps de lever les bras que Michel a suivi et marque en deux temps... Je ne casse pas ma télé mais je défonce mon magnétoscope et tant pis pour les conséquences.

Je viens de vivre mes premières vraies larmes européennes, c'est pourquoi je ne veux même pas entendre parler du match retour. Un pote à moi, encore plus désabusé, me donne quand même sa place au Parc, et comme j'ai pas de meuf, donc rien d'autre à faire de ma soirée, ben, j'y vais. Là, tout est comme dans un rêve et on se demande bien ce que cette séquence fait dans notre projet d'autoflagellation littéraire, mais patience, on y arrive. Alors que la nuit tombe sur le Parc et que le stade chante comme un seul homme à la gloire de nos héros du jour, la prière, aiguille vaudoue, s'apprête à transpercer la poupée parisienne. Nous sommes dans les arrêts de jeu comme on disait avant que le temps ne soit additionnel et ce n'est pas un pauvre coup franc excentré qui va faire peur à notre arrière-garde, même amputée d'Alain. Quelques secondes plus tard, Kombouaré est pris de la tête et, sur la remise, Zamorano, à bout portant, ramène le Real à hauteur du PSG... Gilardi, à ce moment-là du match, lâchera sur Canal Plus : « C'est pas possible ! » et c'est le premier d'une longue série. Ce soir-là, Antoine « notre Nantais » rattrapera sa bévue grâce à un arbitre hongrois qui devait sûrement se plaire dans la capitale et a laissé plus de huit minutes de bonheur en plus… Le coup passa si près… Ce n'est que partie remise.

Au fait, en rentrant chez moi, ivre de joie, je demandais à ma mère si elle avait enregistré le match, elle m'a répondu : « Ben non, patate, t'as cassé le magnétoscope. » Même un soir pareil, on peut trouver de la malédiction.

## Le (non-)titre de 96

La première vraie remontada finalement ne s'est pas produite lors d'un match mais au cours d'une saison qui semblait promise à tous les succès.

La génération Ginola-Valdo-Weah vient de tirer sa révérence et laisse un grand vide dans nos cœurs encore chagrins. Il faut repartir de l'avant après une saison à s'être fait fesser par la classe biberon nantaise. L'OM n'est plus en D1, on n'aura pas d'excuse à laisser filer une deuxième fois un titre qui nous tend les bras, surtout que les Canaris semblent moins fringants et que Loko ne risque pas de nous mettre le même but que l'an passé, vu qu'il est chez nous cette fois. Franchement, l'attaque Loko-Raí-Djorkaeff a plutôt de la gueule.

Dès le début, ça régale et, même si ça paraît dingue, on a presque oublié les gloires du passé récent. Youri et Raí se trouvent les yeux fermés pour nous offrir des buts qui semblent tout droit sortis d'une vidéo promo de Nike. À la trêve, la bande à Luis caracole en tête de la D1 et sort champion d'automne, on aura jusqu'à sept points d'avance sur le deuxième et c'est pas une bande de paysans de l'Yonne buveurs de Chablis qui va nous faire peur. C'est qui, Martins ? Dutuel ? Laslandes ? On va pas tarder à le savoir, ils vont nous en coller trois chez eux sans sourciller et terminer champions avant même la dernière journée. OK, on gagne la Coupe des coupes, donc la douleur est relative, et c'est que partie remise, on a une équipe de ouf. On ne sait pas, à ce moment-là, qu'on attendra quinze ans avant le prochain.

## Maccabi Haïfa

On ne peut pas dire que c'est la période dorée du club, c'est même le vrai début des années de plomb où on arrête de jouer le titre dès la 11e journée. Alain Giresse est moins magique en tant que coach que son carré des années 80, et les débuts en championnat ne nous laissent plus d'autres espoirs de frissons que la Coupe d'Europe, surtout que, dans le même temps, l'OM est en feu. On débute la Coupe des coupes par un hors-d'œuvre relativement facile à avaler avec le Maccabi Haïfa qui a tout sauf la dégaine d'un ogre européen. Le plat sera finalement un peu moins digeste que prévu. Vu qu'on mise sur une vraie régularité et qu'on est nul en championnat, il n'y a aucune raison qu'on flambe en compète européenne, mais sait-on jamais. Le match aller au Parc est compliqué comme prévu et, grâce à un penalty sorti de nulle part, Marco Simone permet au PSG d'arracher la victoire à la 84e minute et... Ah, pardon, je me suis emballé, Benayoun, trois minutes plus tard, vient égaliser en dribblant Bernard Lama... Le spectre de France-Israël plane sur le Parc des Princes et le roi David n'est même plus là. Il faudra aller chercher la victoire en Israël, mais c'est loin d'être infaisable.

Au retour, le stade Kiriat Eliezer est en fusion, la tension est à son comble autant que le match est tendu. Les deux équipes rentrent au vestiaire à la pause sans avoir marqué, et moi je n'ai déjà plus d'ongles alors qu'il reste encore au moins quarante-cinq minutes à survivre.

On approche la soixantième et toujours rien alors qu'un seul petit but nous enverrait en huitièmes. C'est justement à cette minute que le premier but casquette va nous tomber sur le crâne, une tête lobée foireuse tapant la barre, Lama aux fraises, ça revient sur un Israélien et, hop, 1-0.

Là, comme on dit quand on n'a rien d'autre à cracher : « Ben, ça change presque rien, faut toujours marquer un but. » Ah, OK, c'est bon alors, je vais me reprendre une coupe pour fêter ça. Étant donné qu'on est partis pour une soirée lunaire, enchaînons avec la deuxième blague.

Nicolas Ouédec, qui, jusqu'à présent, nous laissait croire qu'il avait envoyé son frère jouer à sa place, marque le but de l'espoir… Bien entendu, c'est une frappe sans conviction sur le gardien qui ne rentre qu'à la faveur d'une bourde monumentale du portier adverse qui avait chaussé ses gants en peau de banane.

Un partout, la balle au centre, on respire. On ne respire pas longtemps car, à la 78e, Mizrahi marque seul face à Lama, il avait été laissé tellement seul dans la surface que même son cousin Raphaël l'aurait mis. Comme on dit quand on a rien d'autre à dire : « Ben, si on marque, c'est bon, on est qualifiés grâce aux buts à l'extérieur », moi, je vais attendre un peu avant ma deuxième coupe si ça vous dérange pas. Je ne devrais jamais douter de mon club, car, malgré les événements contraires, Marco Simone trouve la force de transpercer la surface de Haïfa pour servir Jay-Jay qui place la balle au ras du poteau opposé avec une décontraction du dimanche matin. Cette fois, la *routourne* a tourné comme aurait dit plus tard un philosophe du football, et c'est nous qui marquons à la 87e minute... Merci, messieurs, au revoir.

J'avais parlé du spectre de France-Israël ? Il ne reste plus rien du temps règlementaire, une dernière action lancée à la *desesperado* du Maccabi ne devrait pas suffire... Normalement.

Benayoun fait une vieille louche sans y croire pour son pote Mizrahi qui frappe sans réfléchir, la balle est contrée par un défenseur parisien et entame une deuxième cloche... Le temps suspend son vol et tout le stade regarde presque au ralenti le ballon lober gentiment l'impuissant Bernard Lama avant de finir son beau voyage dans les filets parisiens... Ma bière tombe sur le sol à la même vitesse que le ballon de Mizrahi. Gilardi lâche : « C'est pas possible !!! » C'est moi ou ça fait deux fois ?

## La Corogne

C'était la saison d'un nouveau siècle, donc d'un nouveau départ et pour le coup, sur le papier, y'a vraiment une belle équipe. Le problème, c'est que le papier, ça veut tout dire et rien dire à la fois, car il y a différentes sortes de papier. Il y a celui en soie qu'on utilise pour emballer les cadeaux précieux, le papier à cigarette si fin qu'il peut couper les lèvres, ou encore le papier kraft un peu rêche mais terriblement résistant. L'équipe de cette année va vite tourner au papier en rouleau que l'on trouve au fond du couloir à droite.

Quand arrive le match à La Corogne, le PSG est déjà au pied du mur dans sa course à la qualif pour les quarts de finale de Ligue des champions. On est dans la deuxième phase de poule de cette formule lunaire et interminable de la C1 (qui, heureusement, ne perdurera pas) et c'est déjà décisif. Après une première phase plutôt réussie (malgré une taule face au Bayern), la deuxième avait démarré de manière cata à domicile face à l'équipe galicienne et il fallait absolument une victoire chez eux pour espérer garder une chance de continuer l'aventure.

Comme la plupart des Parisiens, je ne nourris pas grand espoir face aux Espagnols, vu les prestations qu'on vomit en championnat à cette période. J'en suis même à me demander si ça vaut le coup de regarder... Sauf qu'évidemment ça vaut le coup, on ne loupe jamais un match, même une rencontre de gala en Autriche contre une équipe de D2 suisse pendant le stage d'avant-saison, alors, là, forcément... Et puis, de toute façon, j'avais pas mieux à faire vu que j'étais coincé à Douarnenez, au fin fond du Finistère, dans un centre de rééducation du genou. J'étais collé là-bas depuis trois semaines, en plein mois de février, sous la drache H24, car j'avais voulu jouer les Okocha du pauvre sur un terrain bosselé du bois de Boulogne. Ma jambe est partie dans le zig, mon pied dans le zag et mon genou a fait zigzag. Toute la semaine précédant le match, les kinés, infirmiers et masseurs du centre, tous Bretons jusqu'au bout des ongles, se faisaient une joie de me chambrer sur notre future fessée. D'habitude, je goûte assez bien les insultes des gens de régions, mais, là, dans le froid et avec des béquilles, ma patience se réduit comme peau de chagrin.

Le match débute, je suis tout seul dans ma chambre devant mon écran à coins même pas carrés (j'avais pas la mutuelle pour la suite royale avec télé LCD) et j'espère ne pas trop souffrir et voir mon équipe faire bonne figure, histoire d'aller le lendemain au petit déj' sans mettre un sac sur la tête. La compo de Luis annonce la couleur, ne pas se manger une gamelle, avec huit joueurs à vocation défensive, les deux meneurs que sont Jay-Jay et Benarbia et, en pointe, tout seul devant, le pauvre Laurent Leroy qui va devoir se débrouiller pour ramasser la moindre miette d'occase qui lui passera sous le pied. Il se prépare déjà à vivre la soirée du petit poucet dans la forêt sans mie de pain ni caillou pour trouver le chemin des filets. Ça sent bon le 0-0 tout ça, car un nul suffit à La Corogne pour rester devant dans le groupe. On approche de la demi-heure de jeu, le terrain est détrempé comme si ma pluie bretonne avait transpercé l'écran, j'ai même pas de bière, faute de minibar, et je me demande si j'ai bien fait de refuser les avances de l'infirmière du bloc 3 qui semblait prête à me consoler, quel que soit le résultat. Je suis à deux doigts de m'endormir à cause des antidouleurs quand Okocha reprend de volée un centre détourné, la balle rebondit sur le terrain boueux et trompe le gardien galicien... C'est incroyable mais ça fait 1-0, tant pis pour l'infirmière, ça commence à me plaire, ce match, même si je n'imagine pas la bande à Roy Makaay en rester là. Allez, bientôt la mi-temps, surtout ne pas prendre de but parce qu'à 1-0 les Espagnols seront... Qu'est-ce qu'il fait, Laurent Leroy, sur le côté gauche ? Il met un petit pont à Donato, il enchaîne avec un double crochet qui met dans le vent deux joueurs et une frappe enroulée dans la lucarne ! Mais c'est quoi, ce délire ?

J'ai envie de sauter en l'air comme un cabri mais je me souviens vite que j'ai le genou dans la boîte à gants. On rentre au vestiaire et TF1 repasse en boucle le chef-d'œuvre de Lolo. C'est incroyable, à l'heure où l'on se parle, Paris sous un déluge hivernal met à ses pieds le champion d'Espagne. Je sais qu'il ne faut pas s'enflammer, mais quand même, 2-0 à la mi-temps, il va falloir venir nous chercher et les Espagnols ont pris un sacré coup sur la *cabeza*. À la reprise, les « Corognais » ne sont pas revenus pour jouer à colin-maillard et nous rentrent dans la tronche comme des All Blacks... On ne va jamais tenir. Le Riazor est derrière son équipe et l'exhorte à faire le siège du camp parisien, de mon côté, je me masse la rotule et l'angoisse me provoque une arthrose de vieille, vite un Di-Antalvic ou un Tramadol. À part sur un contre, je ne vois pas comment on peut aggraver le score, donc tenons ce résultat le plus longtemps possible, même si le contre qui part dans le dos de la défense semble bien parti justement. Algerino n'arrivera jamais à la glisser à Leroy... Si ? Non ? Il est pas hors jeu ? *Madre de dios*, c'est quoi, cette folie ? On mène 3-0, je ne suis pas en train d'halluciner, Laurent Leroy vient de claquer un doublé.

Je regarde quand même si, dans les effets secondaires des cachetons que je me suis enfilés, il n'y est pas fait mention de perte de la réalité ou de divagation... Eh bien non, on est dans le réel et, mazette, que c'est bon. Cette fois, c'est sûr, il reste une demi-heure et, entre nous, qui prendrait trois buts en si peu de temps après une telle leçon de réalisme ? Ils sont morts, en face, y'a plus personne. Je ne me sens plus et l'adrénaline du match ajoutée aux médocs me donne des ailes, plus question de jambe de bois, je danse comme un loup-garou à la pleine lune et je ne vais pas en rester là. Il me revient comme en flashs toutes les brimades des autochtones du coin et je me dis que c'est le moment de leur rendre la monnaie de leur pièce. J'ouvre la fenêtre de ma chambre qui donne sur la cour principale et je me lance dans une envolée digne des plus grands kapos du Parc.

« AAAAALLLLEZ PARRRIS !!! PARIIIIIIIS EST MAGIQUE » « Et ils sont où, les p'tits Bretons ? » « On fait moins les malins, hein, les bouseux ??? » « Ici, c'est Paname !!!! » « Popoppopopo !!! »

J'ai lâché un beau répertoire, et la seule chose qui m'a interrompu dans mon récital, c'est Thierry Roland qui annonçait le but de Pandiani. Pandiani ? C'est qui, lui ? Jamais entendu parler, bon ça va, il a le droit de sauver l'honneur, le pauvre. Je vois le ralenti et je reconnais que la tête est belle, à bout portant, mais c'est pas grave, on tient dix minutes et l'enthousiasme sera vite retombé et puis... Euh, attends, là, y'a encore un corner ? Je me rassois gentiment, car je commence à le sentir de moins en moins ce match et j'ai pas complètement tort parce que, justement, sur ce corner, Diego Tristan, le *serial* buteur, catapulte une tête hors de portée de Letizi. Là, ça commence à chauffer, on n'a plus qu'un but d'avance en trois minutes et je me demande si on va finir par gagner au moins un duel aérien. Il faut changer quelque chose et remettre du sang neuf dans l'équipe pour repartir de l'avant, mettre le pied sur le ballon, arrêter de subir... La réaction de Luis est immédiate mais loin de ce que j'imaginais : en quelques minutes, il fait sortir Benarbia pour Rabé et Okocha pour Yanovski... On n'avait pas beaucoup le ballon, eh bien, c'est simple, on ne l'aura plus du tout. Laurent Leroy est le seul joueur offensif sur le terrain et il reste un quart d'heure à tenir. La conséquence est immédiate, on termine le match acculés à notre but et à côté de ce qu'on propose, le Catenaccio de Herrera, c'est du football total. Les gouttes de sueur perlent de plus en plus sur mon front et toutes les pilules de mon armoire à pharmacie n'y font plus rien. Ça enchaîne les attaques, ça enchaîne les centres, et Pandiani se montre de plus en plus dangereux... Mais c'est qui, lui ?

Les vagues sont de plus en plus fortes et intenses, c'est Hossegor au mois de mars, qu'on en finisse, *please.* La 357$^{e}$ tête sera la bonne et, bien sûr, c'est l'attaquant au nom de marque de spaghettis qui égalise... On attend juste l'estocade pour mourir en paix. On n'aura pas à attendre longtemps, simplement la 80$^{e}$ minute pour voir l'inconnu de chez nulle part nous faire la passe de trois, et encore de la tête sur corner, ça aurait été dommage.

Voilà... C'est fini. Merci, messieurs, on y aura cru un instant et on repart vers nos chères études et notre Ligue où la lutte pour la huitième place nous attend. La seule bonne nouvelle, c'est que je suis seul dans ma chambre et que je n'aurai pas à me morfondre longtemps, un suppo et au lit. Alors que je m'assoupis, je sens un léger toc-toc à ma porte, je me lève et vais tranquillement en cherchant un argument pour dire à l'infirmière que c'est pas vraiment le moment... Seulement, en ouvrant la porte, je me suis souvenu de ma sérénade à la fenêtre, j'avais sous-estimé son impact sur les pensionnaires du centre. Ils étaient tous là, à quinze dans le couloir, avec des bouteilles pour me proposer de fêter cette belle victoire.

Autant vous dire que j'ai assisté à un after dans ma chambre, entouré de gens ivres de bonheur. C'est ce jour-là que j'ai compris ce que c'était d'être Parisien.

# Chapitre 5

## LES TRAÎTRES

Paris n'est peut-être pas encore un grand club, mais il a réussi en quelques années à se créer une identité et des antagonismes forts avec des places stratégiques dans le foot français. Il a même réussi l'exploit de se créer un ennemi héréditaire qu'il a « hérédité » en très peu de temps et de manière totalement factice... Je vous le dis avec une grande lucidité et un recul sur la vie digne de Socrate... Je déconne, je suis à fond dans le *game* de la haine de l'ennemi... Cet ennemi, il porte un nom... Olympique de Marseille, celui que l'on aime détester à défaut de détester l'aimer... Oui, je sais, c'est alambiqué.

Qui dit ennemi, dit batailles, dit rivalité, dit... traîtres. En cinquante ans, le PSG a vu défiler en son sein une ribambelle de traîtres à la nation parisienne et il est plus que jamais temps de faire les comptes et de les régler.

Il est important de mettre une croix sur la ligne du temps pour identifier qui fut un traître ou non. Jocelyn Angloma est bien parti du PSG pour aller signer à l'OM de Tapie, mais c'était dans le cadre d'un échange de joueurs, et il n'a pas reçu cette étiquette en dépit du fait qu'en 1991 la rivalité était déjà bien vivace, notamment à cause du dénouement du titre de 1989.

Alors, la question qui se pose est : « Qui est le premier vrai traître de l'histoire du club ? »

Ce titre pourrait être attribué à Patrick Colleter qui a été un des piliers des *classicos* du côté parisien et surtout un des rares à rendre la pareille aux Olympiens en termes de hargne et d'agressivité, jusqu'à faire la fierté des ultras du Parc. Ils avaient Di Meco... Nous avions Patrick.

La surprise fut d'autant plus grande quand on apprit qu'il signait chez l'ennemi en 1997.

Alors, OK, il est passé avant par Bordeaux, mais ça n'excuse en rien ce choix. On se demandait bien comment les Marseillais pouvaient accepter de l'avoir dans leurs rangs sauf à le considérer comme un trophée ou un trésor de guerre. À la limite, ils font ce qu'ils veulent, mais c'était pas non plus Roberto Carlos qu'ils avaient récupéré.

Ce qui est bizarre, c'est que, malgré la forte portée symbolique de sa signature chez les fadas, il n'exacerbe pas les tensions à l'évocation de son nom... Comme si on avait d'autres chats à fouetter à cette époque... On devait faire le deuil de notre grandeur fugace et s'apprêter à rentrer dans le rang. Je rappelle que nous sommes à une période où les deux équipes qui se battent pour le titre sont Lens et Metz... Rien que de le dire, j'en ai des trémolos dans la voix.

Les vedettes du championnat s'appellent Tony Vairelles et Cyrille Pouget... OK, j'arrête.

## Jérôme Leroy

C'est peut-être lui, le vrai premier. Il était l'avenir du club, un titi, un vrai, celui que l'on voyait avec une technique à la Zizou, une allure à la Zizou, une calvitie à la Zizou... C'était notre Zizou à nous, sauf qu'il ne fuirait pas sa ville natale comme le gamin de la Castellane, mais il serait au contraire le symbole de la ville. Seulement, voilà, à Paris quand on sort du centre de formation, il faut être dix fois plus fort que les recrues, sinon on ne joue pas. Le club avait dans ses rangs Benarbia, Okocha et Luccin qu'il ne payait pas en cacahuètes, c'était pas pour leur préférer un mioche de Béthune qui nous a pas coûté une thune. C'est clair que la concurrence de Marcelinho et Belmadi allait être plus facile à gérer… Tiens, Belmadi, encore un formé à Paris… décidément.

Ce qui va atténuer le caractère fourbe de la fuite de Jérôme chez l'ennemi, c'est qu'il n'est pas le seul cette année à faire cet affront au club rouge et bleu… Il y a Bruno Ngotty, le héros de Bruxelles, celui qui, d'une frappe surpuissante à ras de terre, a offert au club sa première Coupe d'Europe et à la France son unique Coupe des coupes… À jamais les premiers comme on dit quand on sent qu'on ne sera plus jamais autre chose. Ça, c'est gratuit et c'est cadeau.

OK, il n'était plus de la maison depuis un bail (un bail de deux ans) et son passage au Milan pouvait faire office de *reset*, mais, franchement, il y avait sûrement d'autres clubs que celui-là… Surtout qu'il n'arrivait pas en vedette américaine, l'arrière-garde marseillaise voyait déjà dans ses rangs Papus Camara, William Gallas et Abdoulaye Meïté… une belle bande d'intellos du ballon rond qui ne demandait qu'à rendre hommage à Boli et à Mozer dès que les *classicos* pointaient le bout de leur nez.

Je sais ce que vous vous dites : « Hé, dis donc, t'en aurais pas oublié un lors de cette saison 2000-2001 ? »

Eh bien, si, mais ça me crève le cœur car, lui, c'est le véritable premier traître à la patrie... C'est George Weah, Mister George. Comment a-t-il pu nous faire ça ?

Il n'en avait pas besoin de ce contrat, il avait sa carrière derrière lui, il pouvait finir en beauté au pays dans un club de son enfance ou simplement se préparer à son futur destin national de président du Liberia... Eh non, il fallait absolument qu'il passe par l'OM... Tout ça pour jouer en attaque avec Steve Marlet. Je n'ai absolument rien contre Steve et, à la limite, au contraire, je l'apprécie plutôt, mais t'as joué aux côtés de Savicevic, Kluivert et Baggio... respecte-toi, vieux.

La vraie raison, on la connaît et on la comprend presque. Les banderoles d'insultes qui ont terni sa fin de carrière au PSG lui sont restées en travers de la gorge et il était écrit qu'il nous le ferait payer. Trahison ultime, Mister George a fait son jubilé au Vélodrome... L'homme du slalom à Munich, du doublé à Naples et du récital contre Madrid a fait son jubilé chez les sardines... C'est à pleurer et ce n'est qu'un début.

Au moins, Jérôme Leroy effacera son ardoise en marquant un doublé fantastique au Vélodrome avec comme chef d'orchestre à la baguette Ronaldinho en 2003. Remise à niveau, tout est oublié.

Édouard Cissé aurait dû être considéré comme un traître, lui aussi, puisque c'est un enfant du club et qu'il a fait partie de l'aventure qui a amené Marseille à gagner le titre en 2010... C'est vrai, il a tout, mais on n'arrive pas à le détester. C'est étrange, mais aucun sentiment d'aigreur ne vient se loger dans notre gosier à l'évocation de Doudou, comme si on avait décidé de le laisser vivre sa vie loin de sa famille d'origine qui n'a pas su lui faire de place.

Allez, fils, t'as voulu t'affranchir de tes parents, t'as pensé que l'herbe était plus verte ailleurs. On ne gardera de toi que les bons moments et on mettra un voile pudique sur cette sombre année 2010.

Je n'en dirais pas autant d'un de ses collègues de la même aventure qui, lui, n'avait aucune excuse... Cet homme, c'est Gabi Heinze. Gabi, le symbole de la *grinta*, le cœur de l'équipe, son âme, bien plus encore que Mauricio Pochettino qui en était pourtant le capitaine.

J'ai encore en mémoire un match au Parc, en Coupe, contre Troyes en 2004, où Paris est mené 2-0. En toute fin de match, le PSG obtient un coup franc à vingt mètres et Heinze la prend comme s'il était Rivaldo et que la question du tireur ne se posait pas. Il n'avait jamais tiré un seul coup franc depuis son arrivée au club. Quelques secondes plus tard, le ballon va se loger dans la lucarne de Cassard, et ce but sonne la révolte et permettra une qualification qui semblait illusoire. C'était ça, Gabi.

Plus tard, il était devenu trop fort, trop grand, et le club trop petit pour lui et, comme souvent, on acceptait qu'il s'envole vers d'autres cieux. Et ce fut Manchester United, le Real Madrid... La belle histoire, quoi... Et puis le craquage, un coup de fil de Didier Deschamps et, hop, à l'OM comme si de rien n'était. Quand j'ai appris ça, je crois que j'ai explosé mon magnétoscope (c'était mon troisième, je finissais par avoir des prix chez Interdiscount).

Et comme si ça n'était pas assez, il a été avec Lucho Gonzalez, un des grands artisans du titre.

Ça va ? On te dérange pas ? Nous, on est au fond de la caisse, notre meilleur buteur, c'est Erding, notre meilleur passeur Jallet, et toi tu nous fais ça ? Il va même jusqu'à marquer le premier but dans le match qui couronnera les Olympiens. Je le vois encore courir en hurlant de joie vers Didier Deschamps, j'ai dû me pincer jusqu'au sang pour être sûr que ce n'était pas un cauchemar.

## Lorik Cana

Ah, notre cher Albanais ! S'il n'y avait pas celui qui suit juste derrière, il aurait sans problème la médaille du plus beau traître de l'histoire du PSG.

On est bien sûr toujours trahis par les siens, mais quand c'est carrément la famille, ça prend une saveur particulière.

Lorik Cana, on l'a vu débarquer à Paname alors qu'il était tout minot, comme un petit chiot abandonné dans un panier sur le perron de la SPA avec un petit mot : « Prenez-en soin. »

Oui, je reconnais que j'en fais un peu trop, mais, franchement, c'était comme l'enfant adopté que l'on aime plus que les gosses légitimes, Lorik. Il était de ceux dont on voulait qu'ils soient des symboles et qu'ils restent à vie comme des piliers d'église qui font que les intempéries ne sont que des péripéties de passage. Il était doué et surtout courageux, toujours prêt au combat. Ce petit gamin de Pristina arrivé junior était devenu un homme, porte d'Auteuil.

On peut arrêter les violons, car la suite ressemble plus à un larsen de guitare électrique mal accordée. Été 2005, je suis tranquille à Lloret de Mar à me dorer la pilule en trémoussant de la croupe sur Black Eyed Peas quand j'entends à la radio que Lorik Cana décide de quitter le Paris Saint-Germain pour l'Olympique de Marseille ? Dans un premier temps, j'imagine que j'ai trop de sable dans les esgourdes et que j'ai mal compris... Non, non, c'est bien ça, Lorik Cana prend la direction de la Cannebière. Je me pose sur un fauteuil en rotin du meilleur goût comme on peut en trouver sur la Costa Brava, histoire de reprendre un peu mes esprits, quand arrive le coup de grâce. Interview de l'intéressé à son arrivée sur le vieux port : « Je suis heureux de signer ici, car l'OM a toujours été mon club de cœur. » Bon, là, forcément, on passe un cap dans la sensation de chaud-froid qui parcourt la moelle épinière... Je comprenais enfin ce qu'avait vécu De Gaulle quand Pétain avait abdiqué face aux Allemands. C'était terrible.

« Ton club de cœur ? Ton club de cœur ? On te recueille, on te donne un toit, un club, de l'amour, une place de titulaire, et tu nous sors entre la poire et le fromage que l'OM, c'est ton club de cœur ? » Comme tous les ultras dignes de ce nom, j'attendais avec impatience le premier *classico* de la saison pour qu'on lui fasse comprendre de quel bois on se chauffe dans les travées du Parc. Malheureusement, j'avais oublié qu'on a le karma de Pierre Richard, le premier OM-PSG se termine par une victoire marseillaise, 1-0, sur un but de qui ? Je vous le fais à 100 francs ? Lorik Cana de la tête sur corner... Et il va pas embrasser l'écusson, rageux comme un rescapé du Vietnam, l'autre, là ? Qu'il soit heureux, je veux bien l'entendre, mais sans demander un minimum de décence, parce que je ne suis pas si naïf, j'aurais apprécié un zeste de haine en moins envers ton ancien club papa... Il est pas ouf, lui ? Il y aura une petite justice puisqu'il fera partie de l'équipe qui perdra en finale de Coupe de France en 2006 face à Paris... C'est un moindre mal.

Il se sentira moins seul dans sa filouterie quand, l'année suivante, son camarade du milieu parisien prendra aussi la nationale 7 pour le rejoindre à la Commanderie. Sans aucun doute une petite vengeance pour Luccin et Dalmat en 2001... C'est de bonne guerre.

## Fabrice Fiorèse

Le traître ultime est, sans aucune contestation, l'inénarrable Fabrice Fiorèse. Quand il débarque de Guingamp en 2002, Fabrice est un jeune espoir du foot français et Luis veut en faire son pendant de l'attaque côté droit pour équilibrer l'attaque avec le néochampion du monde Ronaldinho. On ne va pas se mentir, quand tombe la nouvelle du recrutement du gamin de Chambéry, on ne saute pas au plafond comme si on fêtait le retour de la bière alcoolisée dans les stades. On est bien conscient que c'est un joueur d'appoint. Bien mal nous en a pris, car il va vite s'imposer sur le terrain et dans les cœurs parisiens. Il marquera même au fer rouge de son empreinte l'histoire du *classico* dans ce qui restera une des plus belles victoires de l'exercice. Le 30 novembre 2003, dans un Vélodrome en fusion, le PSG de Vahid passe une soirée cauchemardesque face à l'OM de Drogba. La défense parisienne passe la soirée à contenir les vagues des attaques des blancs et il semble inéluctable qu'à un moment ça va craquer. J'en suis à mon onzième verre de gin-tonic et il ne me reste qu'un demi-ongle sur le pouce droit. Heureusement, il n'y a plus que 2 minutes à souffrir avant la délivrance et la joie du point obtenu. Alors que l'OM tente une énième attaque placée, l'irréel se produit. Dégagement à l'arrache de la défense, contre emmené par Reinaldo (si, si, c'est bien lui). Le Brésilien met en profondeur pour Pauleta qui va se retrouver en face à face avec Vedran Runje. Le gardien croate repousse sur sa gauche mais Fiorèse a suivi et marque... C'est le plus beau hold-up de l'histoire du *classico* et Fabrice n'en peut plus de chambrer le stade de sa joie.

Et de tomber presque en larmes de bonheur dans les bras de Fred Déhu... Quand on connaît la suite pour les deux, ça arrache un peu la pilosité au niveau des muqueuses les plus sensibles.

De manière totalement incompréhensible, alors que le club retrouve la Ligue des champions, l'homme au serre-tête décide de partir chez l'ennemi, car ne se sentant pas considéré, et, pour que le bonheur soit tout à fait complet, il prend la tangente dans les dernières heures du mercato.

On finirait par avoir plus de respect pour Fred Déhu qui avait prévenu de sa traîtrise avant même la finale de la Coupe de France 2004, ce qui lui vaudra une belle bronca lors de la remise de la coupe. Il en a pleuré, le pauvre petit bout de chou... Il trouvait ça trop injuste.

Ben, Calimero, fallait pas te tirer en PACA, on ne peut pas avoir le beurre, l'argent du beurre et le beurre de l'argent (désolé, j'ai dû trop fréquenter Luis Fernandez).

Adrien Rabiot a une place toute particulière dans ma *traîtrothèque*, car il a pris bien soin d'arriver au bout de son contrat avec Paris pour être certain que le club ne récupère pas un kopeck dans l'histoire. Ça serait quand même dommage de faire profiter de ton départ ton club formateur qui t'a permis de t'étalonner au haut niveau. Depuis son départ, je ne compte plus les poupées à son effigie que j'ai criblées d'aiguilles et de pals en tous genres... Je ne désespère pas qu'un jour l'un de ces pieux fasse effet.

Kingsley Coman aurait pu, pour certains, faire partie du lot, mais je le mettrais plus volontiers dans la catégorie non moins mythique des anciens Parisiens qui ont crucifié le club sur un match, à l'instar de Selim Benachour avec Troyes, Fabrice Fiorèse avec Lorient, ou encore, plus récemment, le plein de bonhomie Eric Maxim Choupo-Moting qui a poussé le vice en nous en plantant deux... Même si ça n'a pas suffi, c'est l'intention qui compte. Au passage, Yacine Adli est devenu en novembre 2020 le 45$^{e}$ ancien joueur du PSG à inscrire un but face à son club formateur. Le club de la capitale a encaissé 73 buts de la part de joueurs formés en son sein dans son histoire. Déprimant.

# Chapitre 6

## LES PRÉSIDENTS FANTOCHES

Le Paris Saint-Germain a beaucoup de défauts, mais il a au moins la qualité d'être bien né. Le club, tel qu'on le connaît, qu'on l'aime et qui sait nous faire souffrir autant qu'il nous fait péter les ressorts du canap', a le mérite d'être cohérent avec son statut. Paris, c'est la ville des bourgeois, des nouveaux riches, des prétentieux, des snobs, des branleurs et j'oublie sûrement un grand nombre de qualités. Qui de mieux pour présider le club de la capitale de la mode et de la culture qu'un des plus grands couturiers locaux, j'ai nommé Daniel Hechter.

Ah, Daniel ! Ça, c'est la classe ! Le mec, il envoie du lourd, toujours bien sapé (et pour cause, banane, il crée ses propres fringues), teint hâlé comme s'il revenait de vacances à Djerba (ce qui était sûrement le cas) et un sourire Ultra Brite qui fait tomber les ménagères... Ça, c'est Paname et, en plus, le mec n'arrive pas tout seul. Avec lui, un chapelet de tauliers qui arrache tout ce qui bouge et qui pose la griffe du futur plus grand club d'Europe (OK, je m'emballe mais c'est un peu le principe).

Alain Cayzac, patron d'agence de pub, Charles Tahar, boss de maison de disques, un grand couturier, il ne manquait plus qu'une star du ciné, et toc-toc, badaboum, qui que v'là ? Jean-Paul Belmondo, messieurs, dames, rien que ça, j'ai envie de chialer rien qu'à prononcer les noms, c'est carrément les *expendables* du Café de Flore. On ajoutera au tableau le grand Francis Borelli, et le gang des chemises roses sera au complet.

L'histoire serait idyllique comme dans un film de Claude Sautet qui s'appellerait « Daniel, Francis, Jean-Paul et les autres », seulement la ribambelle de présidents qui va leur succéder va contribuer à la légende du club.

Jusqu'à l'arrivée de Canal Plus, on peut dire que le PSG est un club sans problème, ou du moins avec des aléas classiques qu'on peut trouver dans la plupart des autres institutions de D1... Le rachat surprise par le groupe de média entamera une nouvelle ère... Celle du grand *portnawak* entre joies et désillusions.

## Michel Denisot (Non ? Ben si, un peu)

Je sais ce que vous vous dites : « Il est ouf, lui, Michel Denisot, c'est sept titres en sept ans dont une Coupe d'Europe, faut arrêter de tremper les Pepito dans le saladier d'amphét'. »

Bien entendu, il est hors de question de remettre en cause le bilan merveilleux de notre cher Michel, à qui l'on doit sûrement les plus belles émotions des quarante premières années du club... Toutefois, il y a quand même quelques épisodes de gala que l'on peut goûter avec délectation et que vous avez peut-être oubliés trop vite entre deux Coupes de la Ligue et une coupe de champagne.

Nous sommes en 1993... Je sais, cette date sonne comme un crissement strident de craie sur un tableau noir et nous a longtemps réveillés la nuit, en sueur. Mais, dans le marasme de nos souvenirs confus et désabusés, il y a un épisode que l'on ne doit ni aux arbitres ni aux adversaires de l'OM souvent prompts à les accueillir de manière plus hospitalière qu'une mama italienne, c'est le choix de Canal de refuser le titre de champion.

Quoi ? C'est quoi, ce délire ? Ben oui, mon p'tit pote, si tu regardes l'historique des titres de champion de première division, tu peux voir qu'à la case 1993 il y a écrit « non attribué ».

Je ne veux pas faire le vieux gars un peu aigri, car je n'ai pas besoin du foot pour ça, ma vie sentimentale est déjà très bien, mais, dans mes souvenirs, en 1988, aux J.O. de Séoul, quand Ben Johnson s'est fait choper avec plus de dope dans le sang que Mick Jagger pendant une tournée des Stones, le titre de champion olympique du 100 mètres a bien été donné à Carl Lewis. En 2006, Oscar Pereiro remporte le Tour de France après la disqualification du vainqueur Floyd Landis, et c'est tout à fait logique, car même moi, aux élections des délégués de ma quatrième de collège, j'avais grugé les bulletins pour être élu, et c'est finalement celui qui a fini derrière moi qui a été nommé… C'est d'une logique implacable… Oui, sauf pour le PSG. Après la disqualification du championnat de Première division, disqualification de la troupe des Olympiens et de leur spectacle « À jamais les premiers » après l'épisode « Totof et les *soussous* dans le jardin », le Paris Saint-Germain est logiquement en droit de récupérer le titre de champion de France qui lui est dû… Ben, oui, t'es floué, donc tu récupères le magot. Hop, hop, hop ! Doucement, l'ami, qu'est-ce qu'il t'arrive ? T'aurais pas un peu pris la confiance ? Je te rappelle que Canal Plus est une chaîne dont la grande majorité des abonnés payent leurs trente balles par mois essentiellement pour le foot et un petit peu pour l'après-match du samedi minuit.

Forcément, quand ta clientèle est faite de plus de 60 % de zozos des Bouches-du-Rhône ou de supporters de l'OM, tu ne peux pas accepter un cadeau pareil, t'es obligé de décliner l'offre en mode : « OK, les gars, c'est sympa, mais on va en rester là. » De toute façon, les sardines, ils vont tailler en D2 pour un bail et les dix prochains championnats sont pour nous.

Un excès de confiance qui sera vite remis à sa place avec les épopées nantaises et auxerroises. Bon, allez, c'est pas bien grave, on en regagnera des titres, et puis le plus important, c'est que notre *dream team*, emportée par un Ginola des grands soirs, un Weah de feu et un Raí fraîchement remis sur pieds… Popopo, ça va faire mal en Ligue des champions. J'aimerais pas être à la place du Milan AC, de Manchester United ou du Barça. Ah ben, ça tombe bien, t'y seras pas à leur place, parce que, eux, ils seront en C1 et pas toi. Quoi ? Mais comment c'est possible, ça ? On a fini deuxième et l'OM est dégagé par l'UEFA (ben ouais, ils n'ont pas le choix ; autant leur laisser le titre de champion d'Europe malgré les fortes suspicions de magouilles, ça peut passer, mais les inscrire l'année suivante après le Gardengate, ça paraît compliqué). J'ai l'impression, mon coco, que t'as toujours pas compris le business, on te dit que, pour Pierre Lescure et Michel Denisot, il est hors de question de se fâcher avec les abonnés, t'as mangé un Boulogne Boy ou tu le fais exprès ?

Après une longue conversation courtoise et chevaleresque avec camomille et After Eight, les dirigeants de l'UEFA acceptent la décision du club de la capitale de ne pas participer à la Ligue des champions 1993-1994… au profit de l'AS Monaco. *What??!!* C'est une blague ? Ah non, c'est très sérieux, mais, pour te consoler, jeune supporter, tu pourras profiter de la magnifique Coupe des coupes, celle qui, quand tu la gagnes, ben t'as pas d'étoile, t'as pas d'écusson de champion d'Europe, en gros, t'as pas de face. Si ça peut vous rassurer, Canal Plus n'a pas perdu ses abonnés de la région PACA et les Monégasques sont allés en demi-finale de la LDC et ils vous embrassent. C'était l'année de la maturité pour une équipe au top qui finit championne de France avec un David au sommet de son art... Mais c'était tellement plus cool de faire la Coupe des coupes.

Notre cher président Michel doit bénir les dieux et Mark Zuckerberg que les réseaux sociaux n'aient pas existé à cette époque, car je pense que, aujourd'hui, si Nasser lâchait la LDC pour ne pas vexer les abonnés de BeIn Sports, il se ferait crépir comme un mur d'hôpital.

C'est même complètement délirant que tout ça soit passé à l'as auprès de nos ultras qui ont prouvé à plusieurs reprises qu'ils n'avaient pas la patience de moines tibétains... ni leur non-violence.

Il m'est arrivé de croiser des anciens de cette époque au détour d'une soirée UNFP ou d'un after au Cap d'Agde, et même eux ne se souvenaient pas de s'être fait fourrer comme une frangipane. Du côté monégasque, Djorkaeff était persuadé d'avoir mérité sa place en finissant deuxième derrière l'OM... « Ah bon ? », qu'il me dit, « t'es sûr de toi ? » Ben, non, frérot, t'étais troisième, et c'est toi et tes potes Klinsmann et Gilles Grimandi qui vous êtes éclatés en C1 contre le Barça et le Milan pendant que nous, on allait se manger la coupe à toto dont on saura plus tard qu'elle pèse aussi lourd dans un palmarès que Kate Moss avant un défilé.

Ah ! Là, Denise, il a de la chance qu'on gagne le titre l'année suivante, juste devant un OM qui n'attend qu'un feu vert pour foncer, pied au plancher, vers la deuxième division.

Ah oui ! Avant de quitter le roi de la blagounette, rappelons que, encore avec le soutien du *big boss* Pierre Lescure, alors qu'ils avaient la possibilité de faire Stoitchkov ou Ronaldo, les pistes furent rapidement écartées pour ne pas créer une équipe trop forte qui déséquilibrerait le « produit » championnat de France… C'est vrai que ça serait ballot d'être trop compétitif en Coupe d'Europe. J'ai essayé de chercher, dans l'histoire du foot européen, un club qui a peur d'être trop fort pour la concurrence, eh ben, j'ai pas trouvé… Même avec Google.

## Charles Biétry

Ça me crève le cœur de mettre mon Charly dans ce chapitre, mais même lui, en tant que journaliste intègre et sans concession, n'aurait pas compris de ne pas y être… Je pense qu'il aurait même été vexé. Faut pas déconner, il s'est donné assez de mal pour y figurer en bonne place, il est même à la limite du grand chelem et en un temps record. Pour la plupart d'entre nous, Charles Biétry a une voix qui résonne comme celles de Thierry Roland, de Jean-Michel Larqué ou de Thierry Gilardi, à la différence près que les deux premiers nous renvoient à une madeleine de Proust plus cocardière, alors que celles de Charly et de Gilardi nous faisaient frissonner les tripes en rouge et bleu à chaque match de Coupe d'Europe des années Ginola-Weah. Charles n'allait pas, comme son homologue de TF1, fustiger un arbitre bulgare pour un péno ou annoncer que deux Li dans l'équipe de Corée, ça ferait une belle chambre, mais plutôt décortiquer les pensées profondes d'un attaquant dans la surface au moment de la reprise de volée. On a tous en mémoire les fameux : « Et il pense à quoi, là, Tore André

Flo ? Ben, il pense au contrôle de trop qu'il a fait contre le Danemark et il se dit que, cette fois, il doit la prendre en première intention. »

Charly, pour nous, c'est surtout le trio magique avec Gilardi et Platoche aux commentaires de PSG-Real... C'était carrément la BBC ou la MSN du com.

Ce match était mythique, ils l'ont rendu légendaire. Ce soir-là, son côté madame Irma, on s'en serait bien passé, quand à la 93e minute, alors qu'on mène 3-0 et qu'il ne peut plus rien nous arriver, il annonce qu'un pauvre coup franc excentré sur le côté gauche est « comme un penalty contre nous », j'en ai des frissons rien qu'à l'évoquer... Bien entendu, quelques secondes plus tard, centre, remise de la tête de Hierro qui prend le meilleur sur Kombouaré, et Zamorano qui glisse la balle entre les jambes de Lama à bout portant... « C'est pas possible ! », ben si et, malheureusement, c'est le premier d'une belle collec.

Ce soir-là, le destin permettra au Kanak du PSG de se rattraper en mettant un des coups de tête les plus célèbres de la Coupe de l'UEFA... À ce moment du match, Charles remet encore son turban et annonce déjà le coup de boule d'Antoine... et derrière... « Antoine, Antoine notre Nantais, il avait envie d'aller en chercher une, il avait envie d'aller en marquer une. »

Eh oui, ce soir-là, Biétry s'est souvenu qu'il était nantais... Et il s'en souviendra une fois de trop, mais ça, c'est pour plus tard.

Il avait tellement accompagné les plus grands exploits de notre PSG que, quand on apprend que La Denise se fait la malle après sept ans à la tête du club et que c'est le grand Charles qui prend sa succession, on se dit que ça sent bon la gagne… Il sent trop le foot, ça va tout exploser.

J'ai encore en mémoire ses commentaires de la Coupe du monde 98 avec Alain Giresse, lors d'un match du Nigeria : il demande à Gigi ce qu'il pense de Jay-Jay Okocha, il ne serait pas contre son arrivée au PSG.

Le mec faisait carrément son marché en direct, un truc de fou. En 1998, c'est la fin d'un cycle et pas seulement au niveau de la présidence, car c'est le départ de l'idole du Parc, Souza Vieira de Oliveira Raí. Avec, dans ses bagages, Guérin, Roche, Fournier, Ngotty et Le Guen, ça fait une sacrée surcharge dans la Samsonite. À l'époque, on se dit que c'est pas plus mal, qu'il faut du sang frais, et on les regarde partir, la larme à l'œil, mais sans regret… Quelle bande d'ingrats on faisait. Allez, le passé c'est le passé, et Ricardo entraîneur nous laissera sur les bras deux coupes nationales et une branlée contre la Juve à domicile, 1-6, une bonne raison de passer l'éponge. Dans le grand chantier du bâtisseur Biétry, l'architecte est une évidence puisqu'il n'est autre que la légende évoquée plus haut, Monsieur Alain Giresse.

Bon, OK, il n'a pas une expérience de malade, et c'est clair que ça claque moins qu'Arthur Jorge, champion d'Europe avec Porto, mais le type a fait du bon boulot avec Toulouse et, surtout, c'est Gigi, les gars, oh ! S'il y a bien un mec qui connaît le haut niveau et qui sait gérer les stars, c'est bien lui.

Biétry a bien entendu fait péter le carnet de chèques pour enrôler le génial numéro 10 du Nigeria comme promis, 120 millions de francs, papa, bim-bam-boum ! Il est où le problème ? On te dit qu'on va tout casser, gros. Bon, ça c'est vraiment le seul coup de folie en fait, et c'est déjà bien puisqu'on parle du plus gros transfert de l'histoire de la D1 à ce moment-là... Ça rigole pas.

Pour la suite, ça va être plus compliqué vu que notre cher Charles va se laisser bercer par le chant de ses sirènes nantaises et tenter de rapatrier un max de Canaris. Les quatre fantastiques bretons foncent vers le Camp des Loges, avec, à leur tête, Nicolas Ouédec, flanqué de Bruno Carotti, de Dominique Casagrande et du Guingampais Nicolas Laspalles, ce dernier annoncé par notre nouveau président comme le futur arrière gauche de l'équipe de France... En gros, planque tes miches, Lizarazu, la concurrence arrive.

Bien évidemment, tout ce petit monde va envoyer le club dans le mur et aucun des bigoudens ne fera danser le Parc des Princes. On ne sait pas s'ils étaient bretons, mais c'est certain qu'ils étaient à l'ouest.

Le palmarès de l'année sera presque inégalé en 50 ans, avec une piètre huitième place, des éliminations prématurées en coupes nationales et une humiliation mémorable contre le Maccabi Haïfa, nous valant une chanson célèbre de nos amis marseillais qui nous a longtemps trotté dans la tête. Vous allez me dire qu'il n'a pas pu faire tout ça en un an. Eh bien, non, c'est vrai, Charles Biétry n'a pas battu le record de longévité de son ami Denisot, ne restant à la tête du club que six mois, le temps de virer son supercoach du carré magique au bout d'un mois et demi et de rappeler un Arthur Jorge complètement cramoisi pour le remplacer. Lui au moins comprendra qu'il est plus fait pour être président de chaîne que président de club... Ce n'est pas le cas de beaucoup d'autres et on en fera malheureusement les frais. Les seuls moments de joie de cette saison cauchemardesque resteront la victoire au Parc contre Marseille avec le but de Simone, et surtout la trente-huitième journée où le Parc se leva comme un seul homme sur le but victorieux de Feindouno qui scellait la défaite du PSG et offrait le titre aux Girondins à la dernière minute, au nez et à la barbe des Olympiens... Ce fut une joie intense... Mais c'était la seule. Les bonheurs tristes ont quelque chose de pathétique qui ne les rend supportables que s'ils sont passagers.

## Laurent à qui perd-perd

Laurent Perpère, quand on l'a vu arriver avec sa trombine de banquier d'affaires, y'avait pas de quoi sauter au plafond et rêver plus grand, mais on sortait d'une telle période galère que ça ne pouvait pas vraiment être pire.

Moi, perso, sa dégaine de chaton frisé avec les tempes grisonnantes me faisait penser à Mister Fantastique, l'homme élastique des quatre superhéros de chez Marvel (ben oui, c'était un quatuor de comics avant d'être une attaque du PSG cramée en deux mois).

On s'était habitués, depuis les débuts de l'ère Canal, à des types de la maison, des vedettes de la lucarne qui nous étaient familières et légitimes pour parler ballon. Là, vu qu'on était en état d'urgence après le départ de Biétry, on devait s'accommoder de ce nouveau loustic dont on ne savait pas grand-chose, si ce n'est qu'il sentait bon l'*after-shave* et la bureaucratie. Pierre Lescure avait tranché dans le vif, il avait pris une décision radicale, il nous collait dans les pattes... un ÉNARQUE. Le mot est lâché et, encore, on n'a pas complètement conscience à ce moment-là qu'on est à un vrai tournant de l'histoire du club...

Un virage qui, comme par hasard, ressemblera fort à celui de la chaîne cryptée, absorbée la même année par le groupe Vivendi... Les poètes de la finance s'apprêtent à marcher sur Paris.

Laurent Perpère est un des leurs et il est difficile d'en douter quand, à chacune de ses interventions au micro, on a l'impression qu'il débriefe un colloque sur la restructuration des parcelles habitables en zone agraire... En gros, il est chiant, quoi.

Ce gars devrait être sous-préfet, ambassadeur ou représentant en pompes funèbres, mais non, c'est le président de notre club. Bienvenue dans le nouveau monde. Chérie, je te rappelle, on va passer sous un tunnel... Un tunnel qui va durer presque quinze ans.

La première décision importante de notre VRP de luxe fut la nomination au poste d'entraîneur de Philippe Bergeroo, non sans d'abord avoir limogé sans ménagement la légende Arthur Jorge qu'il avait sûrement pris pour un concierge ou un des Dupont échappé du musée Grévin.

Alors, je sais, on n'est pas dans le plus grand des glamours, mais s'il a été placé à ce poste, le zozo, c'est pas pour nous envoyer sur le toit de l'Europe, à part pour y nettoyer les carreaux, mais pour assainir les finances du club, réduire la dette et remettre l'institution à flot.

Oui, bon, je sais, c'est pas avec des projets comme ça que tu vas reprendre une carte d'abonnement au Parc. T'imagines l'affiche de promo de début d'année sur les culs des bus ou en 4 par 3 ? Bernard le banquier, avec un grand sourire et un organigramme, qui te montre que ta dette est échelonnée sur dix ans sans frais bancaires ajoutés, ou Jean-Paul le comptable qui, avec un clin d'œil, te propose un PowerPoint mettant en valeur les différentes stratégies de dépenses et de bénéfices du club sur la saison. On n'est pas regardants quand on nous met des paillettes dans les yeux, mais on préférait largement la bicyclette d'Amara Simba en poster. Rassurez-vous, cette mission-là aussi sera un échec et le club sera autant endetté après son départ qu'à son arrivée, et le palmarès du club aura gonflé d'une Coupe d'Europe. Ah oui, quand même ! Non, détends-toi, mon poulet, c'est une coupe Intertoto qui avait au moins le bon goût de porter un nom qui lui allait comme un gant...

Sportivement, c'est un des présidents les plus cata de l'histoire du club, il a lancé à grande vitesse le club dans ce qu'on appellera « les années de plomb ». Cette période est sans conteste celle qui a reconnu ceux qui aimaient vraiment le club, car, quand tu continuais de chanter « Ô Ville Lumière » dans l'antre de la porte d'Auteuil malgré la *tristitude* qui envahissait le stade, c'est que tu étais prêt à mourir pour Paris... Quitte à mourir d'ennui.

On lui doit bien évidemment la période « wesh, yo, gros, t'as vu » et le retour des enfants de la banlieue parisienne, Anelka *and co*, à grand renfort de fraîche... Le pompon étant Nico vendu 5 millions, racheté 220... Qui dit mieux ? Allez-y, j'ai tout mon temps.

Encore heureux que, en tant que diplômé des grandes écoles de la République, il est d'une probité sans tache et porte haut les couleurs de... Attendez, je crois que je me suis emballé, le bonhomme s'est fait épingler dans l'affaire Nike France-PSG et a écopé de dix mois de prison avec sursis pour faux et usage de faux dans des montages financiers afin d'arranger des gros transferts de joueurs. Des belles affaires de gros sous bien crados qui n'ont abouti à aucun titre majeur... Au moins, quand d'autres magouillent, ils en tirent profit un minimum... À jamais les plus truffes, merci, Lolo.

Pour couronner son merveilleux passage, Monsieur Fantastique a en plus réussi à humilier l'une des légendes du club en la personne de notre Luis adoré auquel on ne touche pas, même avec les yeux. Il quitte le club à l'issue de la saison 2002-2003 sur une magnifique onzième place et une finale perdue contre Auxerre au Stade de France, devant un public parisien qui a trouvé le moyen, ce jour-là, de se battre... contre lui-même, mettant la *teuhon* sur le club devant la France entière... Tiens, l'échec de l'apaisement des tribunes, c'est aussi une étoile à son palmarès, à Lolo. J'y étais et je ne sais pas si j'ai eu plus envie de me mettre la tête sous une bâche à cause du carton rouge sur Hugo Leal ou de la baston entre Boulogne et Auteuil... Mais, ça, c'est une autre histoire.

Pierre Lescure, touché par la grâce, finit quand même par lui filer un coup de chausson... Enfin, la libération, il ne peut plus rien nous arriver d'affreux maintenant.

## Francis Graille

Qui que v'là ? Ah ! Enfin un gars qui connaît le taf et pas un gugusse qui sort d'une école de comptabilité ou d'un concours de dictée... Francis, il a déjà présidé un club, bon, c'était pas le Real Madrid ni Man United, mais le LOSC, c'est déjà pas mal, il les a emmenés sur le podium... Bon, forcément, c'était avec Vahid, donc ça jouait gagne-petit et c'était agréable à regarder comme une partie d'échecs entre deux blondes à frange, mais, nous, on est Paname, il va nous trouver un grand coach digne d'un club qui ambitionne de parvenir au firmament du foot européen. Bon alors, quel sera l'heureux élu ? On fait tous nos pronostics, allant de Guus Hiddink à Ottmar Hitzfeld en passant par Benitez. Bon, OK, on s'enflamme un peu, mais oh ! on est Paname.

Moi, je me contenterais largement d'un Roberto Mancini qui a l'air de promettre et, en plus, il a la classe. La prise de flamme sera de courte durée, Graille décidera de rappeler son Bosnien préféré qui sort d'une saison de gala puisqu'il vient juste d'éviter la relégation au Stade rennais... Sortez les cotillons et les langues de belle-mère, on va s'éclater comme à Rio en plein carnaval.

En tant que président, Francis annoncera tout de suite la couleur : « On ne va pas se donner d'objectifs trop ambitieux. L'idée est de reconstruire une grande équipe sur deux ans. »

Voilà, t'es calmé ? On va vivre une année de transition. Ah bon ? Moi, j'ai l'impression de vivre une décennie de transition. La seule satisfaction du passage à la tête du club de l'homme d'affaires du Puy-en-Velay sera le quatre sur quatre dans les *classicos* de la saison 2003-2004, avec notamment le fameux doublé de Boskovic au Vélodrome... Ça pèse pas très lourd tout ça, même avec une Coupe de France gagnée avec gloire face à Châteauroux. Une victoire 1-0 sur un but de Pedro Miguel dont il ne restera dans nos souvenirs que les sifflets pour Déhu en larmes au milieu du stade... En même temps, il partait à Marseille, il ne méritait pas mieux. En tout cas, moi, j'ai pas donné ma part au chien dans le lynchage vocal, c'est aussi ça, le foot. Il ne voulait quand même pas qu'on lui offre un bouquet de fleurs en guise d'adieux non plus.

Fin de saison 2005, voici le mois de mai où les fleurs volent au vent et notre bon Francis s'envole avec elles vers d'autres cieux… Bon débarras.

Ceci dit, il aura au moins laissé la trace d'un homme intègre et d'une probité à toute épr… Oh, pardon, j'oubliais que lui aussi avait été condamné dans l'affaire Nike-PSG, mais à 6 mois de prison avec sursis seulement.

## Pierre Blayau

Bon, cette fois, on arrête les conneries et on met en place un vrai projet avec autre chose qu'un guignol en costard-cravate qui passe plus de temps à buller dans des réunionites qu'à mettre les mains dans le cambouis au Camp des Loges.

Là, on ne peut plus se ramasser, on va finir par passer pour des buses. Bon, OK, ça fait déjà un bail qu'on est les paillassons du foot français, mais j'essaye de rester positif. On ne va pas éternellement continuer à regarder Lyon gagner les titres de champions comme des vaches devant une voie ferrée… Heureusement que, dans le même temps, l'OM, malgré les kilotonnes de biftons balancés par RLD, ne picore pas un radis, sinon ça serait la goutte.

Les huiles essentielles de chez Vivendi se sont trituré les méninges et il en est sorti un élu, Pierre Blayau. Pour le coup, la fumée blanche avait des allures de pet foireux. J'imaginais pas forcément un Agnelli ou un tonton Silvio, mais là…

Encore un énarque, qui vient de chez Moulinex, là, je crois que ça va être compliqué à digérer, même avec de l'huile de ricin ou un Alka-Seltzer. Pour en rajouter à la blague, le Pierrot sera présent plus ou moins tous les 29 février et s'investira dans le club à la manière d'un peintre en bâtiment pour la restauration de la chapelle Sixtine... avec une certaine sensation de ne pas être vraiment dans le *game*. Ajoutez à cela une passion pour le foot plus modérée qu'un militant Modem et vous avez le combo parfait du mec qui n'a rien à foutre ici. On enchaîne les vedettes, c'est plus un club, c'est un défilé de haute couture. Le plus incroyable dans cette histoire, c'est que les tribunes du Parc n'ont jamais autant chanté qu'à cette période... Le monde est fou.

Monsieur Moulinex aura quand même réussi la gageure de virer Lolo Fournier, alors à quelques points du podium, en milieu de saison, pour le remplacer par Guy la Moustache fraîchement débarqué du FC Sochaux-Montbéliard, la folie des grandeurs, c'était pas pour tout de suite.

## Alain Cayzac

Après le chapelet de tronches de cake en costumes cintrés et de VRP de banlieue chic, il était temps de redonner sa chance à un vrai amoureux du club, un homme qui a le PSG dans le sang, dans les tripes. Là, on ne peut pas dire que, cette fois, ça sente la banane ou la pastèque, car Alain Cayzac c'est l'âme du club, un des membres historiques du gang des chemises roses.

J'ai des étoiles dans les yeux et mon cœur rebat comme au premier jour... Je ne sais pas ce qui m'arrive, mais j'ai l'impression de sortir de prison après neuf ans au mitard sans fenêtre et au pain sec et à l'eau... La douce lumière du dehors, le vent de fraîcheur de la liberté retrouvée. Je ne pense qu'à une chose, retrouver le Parc comme on va boire sa première bière à une terrasse à l'arrivée du printemps.

Après quelques mois de tâtonnement, il prend ses marques et c'est parti... Il va lancer le grand chantier du retour du Paname historique avec Alain Roche en directeur sportif et Paul Le Guen en entraîneur. C'est carrément magique, on dirait *Ocean Eleven*, on va faire le casse du siècle en Ligue 1... Tremble, Olympique lyonnais, on va faire sauter la banque.

Bon, niveau mercato, les noms qui tombent ne transpirent pas le futur Ballon d'or, soyons honnêtes, et d'ailleurs Sammy Traoré, David Hellebuyck et Albert Baning ne m'en tiendront pas rigueur, pas plus qu'Amara Diané qui ne sait pas encore qu'il sera le héros du Parc, quelques mois plus tard.

Pauvre Alain, il montrera bien vite que l'amour du club ne suffit pas à être un bon président, et sa passion rouge et bleue lui a malheureusement mis quelques œillères fatales quand, au contraire, il faut savoir anticiper à 360 degrés les emmerdes qui arrivent en escadrilles, comme disait Chichi.

Le président au patronyme d'eau minérale à bulles n'avait plus de gaz après seulement quelques mois et il restera l'un des plus éphémères boss de l'institution.

Dire qu'on est au bout de notre vie après le départ du boss de la pub est un euphémisme, on ne sent même plus les coups tellement on est anesthésiés. Chaque saison commence avec les mêmes espoirs et, dans un coin de l'arrière de notre crâne, subsiste la sensation incontrôlable que la lose finira par revenir au premier tournant de la saison.

Chaque retour de la Ligue 1, avec son contingent de nouveaux arrivants au Camp des Loges, tout sourire devant les crépitements des appareils photo, me faisait penser aux garnisons romaines dans *Astérix*. Ils appelaient ça « la relève », une garnison d'hommes tout frais, prêts à en découdre avec les irréductibles Gaulois pour leur faire comprendre que César, c'était lui, le patron, et qu'une bande de rustres moustachus ne ferait pas la loi. Les anciens qu'ils remplaçaient, le teint gris et la barbe naissante, avaient beau leur dire de ne pas se faire d'illusions au moment de l'échange de poste, les nouveaux riaient à dents déployées, pensant qu'eux ne se laisseraient pas impressionner. Bien entendu, à la première attaque du village à la potion magique, ils se prenaient une dérouillée vite expédiée et repartaient dans leur campement, la tête basse, en attendant la prochaine relève. Ben voilà, la vie des néo-Parisiens, c'était plus ou moins ça, et, dès le mois de novembre, on sentait que la fin de saison serait longue... mais longue.

L'arrivée de Simon Tahar, frère du regretté Charles Talar, historique lui aussi de la maison, pour remplacer Alain Cayzac, n'y a évidemment rien changé, et le sympathique avocat est passé par la présidence comme Ibisevic sur le front de l'attaque. Je sais, à ce moment de l'histoire, vous vous demandez comment Simon Tahar ne porte pas le même nom que son frère à une lettre près, eh bien, la réponse... je ne l'ai pas, cela fait partie des mystères de ce club qui n'en est jamais avare. Un passage éclair qui aura eu le mérite de n'avoir pas eu le temps de laisser de mauvais souvenir, il est même très probable que la plupart des supporters rouge et bleu l'aient chassé involontairement de leur mémoire, ce pauvre Simon.

# Charles Villeneuve

Le romantisme avait été un échec et, là, on se demandait qui pourrait bien relancer cette machine complètement rouillée par l'arrivée, à la pointe de la pyramide, de la funeste Colony Capital. Cette espèce de fonds d'investissement, sorti tout droit d'un cauchemar à la Matrix, a plongé petit à petit le club dans un abîme de plus en plus sombre et sans réagir, comme Pierre Richard dans *La Chèvre* quand les sables mouvants l'emportent.

Du fond d'investissement, on n'a jamais vu l'investissement, mais on a très vite vu le fond.

Pendant ce temps, Lyon est toujours champion avant même le début de saison et l'OM continue gentiment son retour au sommet... On sent poindre la carotte, celle du titre de l'ennemi juré, et, cette fois-ci, on ne pourra pas se rassurer en invoquant la triche.

Il nous faut quelqu'un de poigne pour reprendre le flambeau, un homme d'expérience et de réseau.

Les Amerloques tentent un coup de poker en nommant Charles Villeneuve... Bon, jusque-là, on ne comprend pas trop la stratégie, même si, vu son expérience dans les documentaires sur l'armée et le GIGN, il va savoir motiver les troupes pour aller au combat.

En vrai, la première pensée qui nous traverse est : « Qu'est-ce qu'un gars de TF1 vient foutre chez nous ? » OK, on n'est plus Canal, mais quand même y'a des limites. TF1 c'est la chaîne de l'OM, c'est comme ça et puis c'est tout (d'ailleurs, les Marseillais ne tarderont pas à nous emboîter le pas en nommant Jean-Claude Dassier comme président à peine un an plus tard).

On a beau chercher le projet et en débattre aux *Trois Obus* en descendant tout ce qu'on peut de bière de soif, on peine à comprendre. Mais oui, qu'on est bêtes, Villeneuve est superpote avec Arsène Wenger, il va le convaincre de venir à Paris, il va nous ramener des mecs de Premier League, genre Gilberto Silva, Eduardo ou Van Persie. Franchement, je prends, les yeux fermés.

Ça n'est pas exactement ce qu'il va se passer, non, pas exactement.

Tout d'abord, malgré une fin de saison passée misérable et un sauvetage pathétique la dernière journée face à Sochaux, il décide de reconduire Paul Le Guen, dont le passage sur le banc de Paris pourrait lui valoir le surnom de la banane de Pencran.

D'ailleurs, à propos d'Arsène Wenger, on le remercie d'avoir dit à Polo qu'il n'avait pas besoin de recruter, vu qu'il avait une génération magnifique avec les Sankharé, Loris Arnaud, Ngoyi et Boukary Dramé… Vraiment, encore merci, Arsène.

Quelle mauvaise langue je fais, et les recrues qui arrivent semblent marquer un vrai virage et une ambition retrouvée, je suis à deux doigts de casser mon PEL pour tout miser sur l'action Colony Capital. J'exagère ? Oh ! Les noms sont sonnants et trébuchants quand même, Kezman, Giuly, Makélélé, Sessègnon, Hoarau, Pancrate… Sammy Traoré. Bon, je reconnais que, sur la fin, je tire un peu la langue, mais, franchement, ça a de la gueule.

Je passe le fait que Guillaume, le grand numéro 9, meilleur buteur de Ligue 2, avait mis dans son contrat comme condition du transfert que l'on soit maintenus en Ligue 1… Non mais on en était là, un buteur de deuxième division mettait des conditions pour venir chez nous. On était vraiment devenu un club de quidams et on ne s'en rendait même pas compte.

Cette impression va vite se confirmer, car, malgré un recrutement ambitieux, la génération post-Pauleta rentre dans le rang assez rapidement et nous offre en prime une belle humiliation face à Rodez en Coupe de France, qui reste dans les mémoires de certains comme Jérôme Rothen de manière vivace. Chaque fois qu'on l'évoque, il se crispe… Son sang se glace.

L'épisode le plus désolant finalement sera la Coupe de l'UEFA où l'on croit naïvement que c'est le grand retour de notre destin européen.

Après un exploit mythique au Parc des Princes contre Twente et une soirée de folie qui nous ramenait aux années Canal, on sortait le Sporting et Wolfsburg pendant que les Marseillais se débarrassaient de l'Ajax et de notre Twente. Le tirage au sort des quarts de finale nous proposait à chacun un adversaire ukrainien et la certitude de se retrouver en demi si on passait.

Oh ! Là ! Là ! T'imagines le *fuego* si on affronte l'OM en demi-finales de Coupe d'Europe ? C'est un truc de dingue et on s'y voit déjà, et tout le monde nous y voit déjà, le *classico* est au bout du tunnel et il va faire mal, il n'y a juste qu'à passer les obstacles Kiev et Donetsk… Une plaisanterie.

On se chambrait entre potes sur cette future confrontation et les « à jamais les premiers » se heurtaient aux « Olympique de magouille », c'était le retour du bon vieux temps, on était de nouveau dans le *game*, fini l'hégémonie lyonnaise. La plaisanterie n'en sera pas vraiment une, ni pour l'OM ni pour nous. Les Marseillais tombent sans gloire contre le Chakhtior, et nous, c'est pire, on se ridiculise face au Dynamo, grâce notamment à une sortie de Landreau qui restera à jamais dans toutes les compiles de buts gags ou de gardiens moisis... Le double coup de poing, effet *topspin*, de Mika qui se met la balle dans son propre but sur un ballon sans danger, vous ne le verrez pas ailleurs, c'est une marque déposée. Ce brevet-là, personne ne nous l'a piqué.

Au final, pas de *classico* en demi et une fin de saison en eau de boudin pour terminer sixième.

Pendant ce temps, les Lyonnais se font étriller par le Barça d'un Lionel Messi au sommet de son art et qui va trouver Cristiano pour la première fois sur sa route en finale de Ligue des champions... Mais tout ça semble si loin de nous, même avec un télescope, on perçoit à peine des formes floues. Ah ! Au fait, Lyon n'est plus le patron et c'est Bordeaux qui souffle le titre à l'OM de justesse... Et on y est pour rien cette fois... Que c'est triste.

Charles Villeneuve ne verra même pas ce sacre, vu qu'il sera remplacé en cours de saison par le vrai boss de la holding, Sébastien Bazin... Cette fois, ça va plus rigoler... Enfin, si, mais dans notre dos comme d'hab'.

# Sébastien Bazin

Désolé pour la fausse annonce, mais Sébastien Bazin fut le président pétard mouillé qui n'aura pas servi à grand-chose si ce n'est à renvoyer Paul Le Guen pour y mettre une autre icône du club, lui aussi de l'école nantaise et lui aussi héros des années 90... Et ce n'est pas le moindre, s'il vous plaît, je veux bien sûr parler d'Antoine « casque d'or » Kombouaré... C'est drôle, mais on a fini par être méfiants, voire sceptiques avec les anciennes gloires du club. Oh ! Pardon, on a oublié de dire au revoir à Sébastien, merci d'être passé faire un coucou.

La valse des présidents continue et c'est une valse à mille temps pour patienter vingt ans qui nous paraissent cent ans et donnent trente-trois fois le temps de bâtir un roman... Cette référence me semblait opportune pour une équipe de brêles comme la nôtre... Mais non, je ne suis pas aigri.

# Robin « des bois » Leproux

Il est arrivé comme le mec du FBI en costard sur les lieux du crime et qui dit au *policeman* scotché devant les rubans jaune et noir : « C'est bon, les gars, vous pouvez y aller, c'est moi qui reprends le dossier. »

Alors, lui, autant vous prévenir qu'il n'est pas venu pour plaisanter ni pour garnir l'armoire à trophées. Lui, il est là pour nettoyer, à côté, Léon c'est Marie Poppins, et les ultras sont prévenus, va falloir planquer ses miches et mettre le doigt sur la couture... La récré est terminée.

On peut toujours jouer les insurgés, mais si on est un minimum honnêtes, la situation des ultras du club est devenue insoutenable, et si, dans l'Europe entière, on trouve des hordes de mecs survitaminés prêts à mourir dans des combats sanglants afin de défendre l'honneur en papier mâché de leur fanion, il est quand même assez rare que les types se tapent entre eux devant le regard toujours interloqué de visiteurs hagards hésitant presque à mater ça en mangeant du popcorn.

On sent bien que le groupe d'investissement américain veut se débarrasser du club qui est gênant, mais que la bande d'hurluberlus qui hante les travées du Parc est un frein à la revente... Quand tu veux vendre ta baraque, aussi belle soit-elle, c'est pas évident de la fourguer quand une bande de mecs bourrés squattent l'endroit en pissant sur les murs sous prétexte qu'ils ont aidé à les peindre.

La mission pour Robin : remettre de l'ordre dans la maison, quitte à devenir impopulaire.

La mission sera accomplie en partie... Il sera effectivement TRÈS impopulaire et obtiendra la médaille d'honneur du président le plus détesté de l'histoire du club. Chapeau, l'artiste, car y'avait de la concurrence.

La tragédie amenant au décès dramatique de Yann Laurence (ancien Boulogne Boy pris dans une bagarre avec des ultras d'Auteuil) prouvera que, malheureusement, les mesures drastiques et autoritaires étaient nécessaires pour ramener la paix dans le club et un climat plus propice au rachat. Franchement, moi, j'étais prêt à faire le sacrifice de deux ou trois as d'ambiance dans le stade pour voir dégager les Yankees et leur politique sportive ectoplasmique qui nous renvoyait au même statut que Metz ou Caen... Non, mais oh ! C'est sérieux là ? On est Paname !

Une fois le calme revenu, on se met tous à rêver autour des rumeurs qui grondent de plus en plus vers la porte d'Auteuil.

Le fantasme de l'investisseur milliardaire avec un turban et un jet privé refaisait surface mais, cette fois, on y croyait vraiment.

Je me souviens que, quelques semaines avant qu'on apprenne la reprise du club par QSI, je croise à une terrasse de restaurant Charles Villeneuve (tiens, le revoilou, lui), vous vous doutez que c'était pas sur la table en zinc d'un kebab, mais c'est pas le sujet. Je m'approche de lui et lui glisse discrètement : « Dites-moi Charles, vous qui connaissez bien le dossier, ça en est où, l'histoire du Qatar au PSG ? » Et lui, sans sourciller, de me répondre « Ah, mon cher ami, vous pouvez toujours attendre, c'est loin d'être d'actualité. »

Deux mois plus tard, Nasser al-Khelaïfi devenait président du Paris Saint-Germain... Au top jusqu'au bout, le Charles.

## Nasser al-Khelaïfi

Ah, ça fait du bien ! C'est drôle comme les oiseaux semblent chanter même sous la pluie en cet été 2011, et le doublé championnat-Coupe de la ligue des Marseillais semble bien loin alors que nous l'avons subi il y a à peine un an. Comme dirait un de ses anciens pensionnaires, la *routourne* a enfin tourné pour nous.

Il est beau, élégant, classe, on dirait qu'il sort tout droit de *Tintin au pays de l'or noir*, mais pas le méchant qui se frotte les mains pour fomenter un mauvais coup, celui qui est à côté du petit Belge blond pour le soutenir dans sa quête.

# Chapitre 7

## LES REMONTADAS

## ACTE 2

# Chelsea-PSG

Qu'est-ce qu'on est bien dans ce Paris Saint-Germain, ah oui, qu'est-ce qu'on est bien ! La saison ressemble à un bain moussant bien chaud aux senteurs de romarin et de thé vert, les vapeurs de menthe fraîche titillent nos narines et une douce musique balinaise chatouille nos oreilles. Zlatan plante les buts, Pastore nous régale, Cavani nous enchante, Lavezzi nous enflamme et un petit jeune du centre fait son apparition dans le groupe, il se prénomme Kingsley... Mais je ne préfère pas trop m'attarder sur lui.

Le club caracole en tête du championnat et entrevoit déjà les demi-finales de la Ligue des champions. Qui peut nous arrêter ? On a fini premier de notre groupe sans trembler pendant que l'OM finit dernier du sien avec zéro point. Le Bayer Leverkusen a été balayé d'un revers de Zlatan en huitièmes et, lors du match aller, le beau Javier nous a mis un but légendaire au Parc qui nous en donne deux d'avance pour le retour à Stamford Bridge. Pauvre Mourinho, c'est fini la belle époque, la nouvelle équipe dans le *game*, c'est Paris, mec.

Franchement, c'est limite trop facile, à la deuxième année dans la compète, on est pratiquement déjà dans le dernier carré et dans les favoris pour la victoire finale... Un vrai bain moussant.

Dans les travées du Parc, pendant les matchs de Ligue 1, on est plus à fantasmer sur notre futur adversaire en demi qu'à la dramaturgie du match contre Saint-Étienne ou Caen, et il faut reconnaître qu'il ne reste que du gratin sur la route avec, au choix, le Real, le Barça, le Bayern ou encore Man United... On va se régaler.

Bon, c'est pas tout ça, mais y'a quand même un match retour et il s'agirait de ne pas faire de blague.

La compo de papa José a l'air solide pour peu que tu veuilles garder un résultat, mais, là, il faut nous en coller deux sans en prendre un, autant dire que c'est pas gagné, surtout avec un Hazard un peu tendre à haut niveau, un Samuel Eto'o qui ressemble plus à son grand-père qu'à son petit frère et deux Brésiliens prépubères... Nous, on n'a pas Zlatan mais il reste Cavani, Lavezzi, Lucas et Pastore, les gars, ça va piquer de chez Gérard.

C'est étrange mais on n'arrive pas à sortir de nos trente mètres pendant les vingt premières minutes, ça doit être un coup tactique génial de Laurent Blanc. Premier coup du destin, Eden Hazard se blesse, il est remplacé par André Schürrle, bon petit joueur allemand mais pas de quoi casser deux pattes à un canard ni remplacer deux pattes à un Hazard.

Là, normalement, un premier danger est écarté. Arrive la trente-deuxième minute, je n'ai même pas le temps de boire une bière à la santé de la sortie du Belge que son remplaçant exécute Sirigu à bout portant... La moitié du chemin est fait et le bain moussant commence à refroidir.

L'atmosphère du match commence à ressembler au dernier quart d'heure du match contre le Barça de l'année dernière, quand Messi avait remonté ses chaussettes et que toute l'équipe avait reculé rien qu'en le voyant sur le banc. Seulement, là, y'a personne qui met ses chaussettes à part Demba

Ba, un joueur claqué qui est remplaçant du remplaçant du mec qui pose les plots et nettoie les chasubles.

Il faut juste se méfier de Torres qui vient d'entrer en jeu car, lui, il peut t'en mettre un à tout moment. Il fait, malgré son âge, plus peur que le Demba, un gamin de Sèvres qui n'a rien à faire sur le terrain et qui, en bon supporter du PSG qu'il est, ne viendrait pas nous plomber dans notre ascension fulgurante. Il ne reste que quatre minutes à jouer mais Sirigu a vu sa barre trembler trois fois et c'était pas à cause du vent londonien. Moi, j'en suis à ma onzième pinte… Le bar tangue, mon estomac crie « Sauvez Willy » et j'ai un mauvais pressentiment.

Les effets de l'alcool n'y feront rien et je suis assez lucide pour voir bien nettement Demba Ba clouer Salvatore à bout portant en jetant son tibia sur la balle comme un receveur sur la troisième base.

Voilà, le rêve s'achève encore en quarts et c'est un mec de chez nous qui nous termine… Pourvu que ça n'arrive plus jamais parce que, vraiment, ça fait plus mal qu'un abonnement chez le proctologue.

On ne sait pas encore que la Biafine sera notre meilleure amie sur la décennie qui arrive.

Au fait, je n'ai aucun souvenir de comment je suis rentré chez moi, mais je me suis réveillé dans mon lit avec le maillot de Christophe Jallet et je ne veux pas savoir comment il a atterri sur mes épaules. Beaucoup de choses sont à oublier de cette soirée et j'ai envie d'un bon bain chaud, mais sans mousse.

# La (vraie) remontada

Ce mot ne signifiait pas grand-chose pour nous à part une lubie des Espagnols dans leur délire de retournement de situation de match. Historiquement, c'est le Real Madrid de la grande époque d'avant notre ère (avant la naissance du PSG, donc autant dire une partie de l'histoire qu'il faut savoir relativiser). Les hommes de la Casa Blanca avaient remonté un score de 0-2 à 4-3 en finale de Ligue des champions face au Stade de Reims. Rien que d'évoquer le nom de l'équipe champenoise, on imagine bien que c'est sacrément vieux cette histoire, car on voit mal Cafaro et Chavalerin mettre la misère à la BBC.

La force des *ibericos*, c'est de marketer chaque événement en lui trouvant un nom. Tu joues contre ton ennemi juré, bim ! C'est un *classico*, tu changes le cours d'un match désespéré, bam ! C'est une remontada, tu fais un contrôle du dos, boum ! C'est une *espaldinha*, tu te fais piquer ton meneur de jeu brésilien champion du monde... euh... C'est une Ronaldinha...

Là où je suis vraiment fier d'être parisien, c'est qu'on a réussi à donner une nouvelle vie à une expression qui semblait entrée dans les mœurs, on a fait exploser toutes les analyses, tous les pronostics. Le PSG est devenu en 2017, en termes de bouleversement de statistiques, ce que l'iPhone 1 fut à la téléphonie mobile ou les centres de Bernard Mendy à la mission aérospatiale... Une reconquête.

Ce que je vais vous raconter va peut-être signer mon arrêt de mort, car si le club semble avoir le karma de François Bayrou, je pense avoir ma part de responsabilité.

Je nous revois encore tous au Parc, alors que débarque la fameuse MSN qui, deux ans auparavant, nous avait humiliés sans lâcher son bol de corn flakes, en toute détente. On sentait bien qu'ils étaient moins dominants qu'à cette époque mais qu'on allait avoir besoin d'imagination pour ne pas ressortir avec les fesses couleur pivoine. Tout se passe comme dans un rêve, Di Maria en tête, Paris file une véritable correction aux *Blaugranas*, c'est improbable, lunaire, inimaginable et chacun se pince au Parc pour être sûr de ne pas rêver. Comme tous les spectateurs qui étaient présents ce jour-là, j'ai les larmes aux yeux, je ne crois pas ce que je vois, je suis sur un nuage de coton hydrophile et je ne sais pas, à ce moment-là, que je vais ressortir plus au moins les mêmes adjectifs trois semaines plus tard... J'ai dit : improbable ? Lunaire ? Inimaginable ?

Sorti de là, on pense déjà aux quarts de finale et on se dit qu'enfin le club a grandi, qu'on a franchi un cap et que les désillusions seront derrière nous. On lit tout ce qui se dit sur le match, j'ai même acheté la presse catalane et me suis abonné à un podcast de Barcelonnais pour les entendre geindre de s'être fait torturer. Je ne comprends pas un mot de catalan, mais il y a des plaintes qui sont internationales et le malheur est palpable à travers l'iPad.

Le problème, c'est que, trois semaines, c'est long, ça fait 21 jours... Vingt et un jours à attendre de passer à autre chose et, pendant ce temps-là, le Barça, lui, se dit... Et pourquoi pas ?

Les mecs veulent vendre du papier là-bas, alors ils s'inventent un feuilleton qui raconte que, finalement, c'est possible. Si on marque vite, si on arrive à 2-0 à la mi-temps, on aura fait la moitié du chemin, si on a un fait de jeu... Oui, et si un météorite se fracasse sur le Camp des Loges la veille et si ma tante s'appelle Bernard, t'as raison, gamin, vas-y, enflamme-toi.

Je n'avais jamais fait un déplacement en Coupe d'Europe avec le PSG malgré 25 ans d'abonnement, mais s'il y avait un jour pour commencer, c'était bien celui-là.

Avec mes quelques potes qui forment le kop *of* blaireaux de la tribune 1 (on est 6), on se prépare le voyage avec l'excitation qu'on imagine et, comme notre nom de kop l'indique, on ne va pas en rester à un simple déplacement.

Qui dit Parisien, dit gros débile orgueilleux qui n'a aucune humilité malgré les événements récents et, en ce sens, nous allons faire honneur à notre réputation. Dès le lendemain de cette merveilleuse victoire, on ne fait pas les choses à moitié, on réserve nos billets d'avion, nos places dans le kop visiteur et des chambres à l'hôtel des joueurs pour vivre cet événement au cœur du réacteur. C'est bien gentil tout ça, mais c'est un peu trop gentil justement et ça ne nous ressemble pas. Gentil, c'est pas Paname.

Une photo de Shakira (la femme de Gérard Piqué entre autres choses) circule sur Internet où on la voit faire « 40 » avec ses doigts pour célébrer son quarante millionième abonné sur Instagram. Seulement, si on a l'esprit mal tourné, ça donne l'impression qu'elle montre un 4-0 en souriant, ce qui est exactement le score du match. La photo est parfaite et, forcément, on décide de se la faire imprimer sur des tee-shirts et des casquettes... On va au bout du truc... On chauffe le karma comme des oufs.

Le jour J, on atterrit à Barcelone tôt le matin pour profiter du soleil et surtout se balader dans la ville avec nos habits de lumière. On a vraiment l'air intelligents et brillants, d'ailleurs, les autochtones ne s'y trompent pas et nous dévisagent avec... stupéfaction.

Quelle outrecuidance, quelle vergogne, quel manque de retenue, on est parfaits.

L'heure du match approche et on retrouve les milliers de Parisiens aux abords du stade pour chanter avec eux pendant deux heures, histoire de faire passer le temps en attendant d'entrer dans le Camp Nou. Là, une télévision du coin nous interpelle, fascinée par notre accoutrement, et je profite d'être filmé pour expliquer, avec le reste d'espagnol que j'ai retenu de la 3$^{e}$, que cette année c'est la nôtre, et tant pis pour les bouffeurs de paella (OK, la paella c'est Valence, mais franchement, là, j'avais pas le temps de faire de la sociologie culinaire).

Une fois dans l'antre *blaugrana*, on monte progressivement tout en haut de ce stade qui semble plus haut que la tour Eiffel quand on y est, et chaque pas donne l'impression de nous emmener sur les routes du paradis, c'est « *Stairway to heaven* ».

Nous sommes quelques milliers dans ce parcage, mais notre boucan fait trembler la tribune et les socios d'en face ressemblent à des spectateurs éteints d'un mauvais concert de jazz... mais sans le costume.

On fait des selfies, on est en mode Club Med total et on ne voit pas ce qui pourrait nous arriver. Quelques minutes avant le coup d'envoi, un sentiment bizarre s'empare de nous quand on s'aperçoit qu'Emery n'est pas encore sur la pelouse alors que tous les acteurs sont là. Ah, ça y est, il arrive... Seulement, il semble bien pâlot.

Le match va débuter et, comme on le subodorait, comme disent les profs de lettres, les Barcelonais ne sont pas du tout en faction commando armée et vont jouer le match histoire de sauver l'honneur en espérant que ça passe le plus vite possible. Le coup de sifflet de M. Aytekin lance les « hostilités ». D'habitude, je ne me souviens jamais du nom des arbitres, mais celui-là, bizarrement, restera dans ma mémoire. Ça commence doucement par deux passes au milieu de terrain et on ne peut pas dire que les coéquipiers de la Pulga se ruent à l'attaque, cependant, étrangement, le bloc parisien recule comme attiré par un aimant nommé Kevin Trapp. Comme par magie noire, la sensation de quiétude et d'insouciance qui nous habitait laisse place à l'interrogation... Mais pourquoi on recule comme ça ?

En face, ils ne se font pas prier pour avancer, ils auraient tort, les bougres. À peine trois minutes se sont écoulées qu'on n'est pas sortis de notre camp et c'est le moment que choisit Trapp pour partir aux pâquerettes sur une balle en cloche anodine. La balle revient sur Suarez qui, d'une tête *moyenasse*, arrive à battre le pauvre Kevin. Le stade se lève comme un seul homme, le numéro neuf uruguayen exhorte ses coéquipiers à revenir vers le rond central avec un geste du bras qui veut dire : « Allez, les gars, ils sont en plein doute, on peut le faire, on peut le faire, tout est possible. »

Dans le kop, on vient de prendre un coup de massue sur la tronche, mais pas seulement à cause du but, à cause de la sensation qu'à partir de maintenant ils vont nous marcher dessus. La flippe des joueurs et du coach a irradié la tribune parisienne. Les tigres rouge et bleu sont devenus des agneaux... Des agneaux apeurés, seuls dans la forêt, attachés à un piquet et entendant les hurlements du loup. Mes potes se tiennent la tête entre les mains mais on essaye de se réconforter : « Oh, les gars, il nous reste trois buts d'avance et si on marque ils sont morts. » On a 100 % de chance de passer ce tour, c'était écrit dans *L'Équipe*, et pourtant on est fébriles.

L'atmosphère est irrespirable mais on arrive bientôt à la mi-temps, et c'est exactement l'instant que choisit Kurzawa pour marquer le match de son empreinte, après un énième cafouillage dans la surface et une hésitation de plus du blondinet de Frankfurt, notre arrière gauche préféré se met le ballon dans le but au cas où on aurait besoin de ça.

On rentre à la mi-temps avec les jambes en ouate de cellulose et c'est pas la bière sans alcool bon marché refourguée avec la saucisse frelatée de la buvette qui va nous aider à digérer le premier acte. Bon, on respire, on fait descendre le rythme cardiaque et on se rassure. Ça va, il reste quarante-cinq minutes à tenir et, si on parvient à garder le score dans le premier quart d'heure de la deuxième période, ils vont arrêter d'y croire ou au moins lâcher prise.

Cette hypothèse n'était visiblement pas du goût de Thomas Meunier qui, lui, avait envie de vivre une soirée historique. On débute la seconde période, Neymar tente de passer en dribble sur le côté droit de la défense parisienne, il semble un peu court pour passer, c'est clair qu'il n'aura pas la place. Effectivement, il est un peu juste, mais le Belge aux grandes guiboles se prend les pieds dans le tapis et dégringole comme un clown marchant sur sa godasse, emportant dans sa chute le meneur de jeu brésilien qui n'en croit pas ses yeux.

Bien entendu, la faute se trouve dans la surface et, bien entendu, l'arbitre siffle penalty.

La VAR n'existe pas encore, donc on a au moins la chance que tout ça se règle en quelques secondes et, hop, 3-0. Il reste une mi-temps entière à jouer et un seul but à marquer pour que les Catalans égalisent sur les deux matchs. Jusqu'ici, tout va bien, disait Kassovitz dans *La Haine*, mais le plus dur risque d'être l'atterrissage. Pendant ce temps, dans les tribunes, on essaye de ne pas lâcher l'équipe, alors on chante comme des débiles pour faire croire qu'on n'a pas peur comme on chante dans le bois après minuit… C'est le retour de l'agneau accroché à un poteau. Si on pouvait être partout sauf ici, si on pouvait se téléporter loin, n'importe où, même sur le vieux port… La pression semble s'atténuer, et là le miracle se produit sur une balle longue visant la surface adverse. Kurzawa, comme habité par un esprit de revanche, remet de la tête pour Cavani qui, d'une magnifique reprise de volée, crucifie ter Stegen. C'est l'explosion chez nous et la déflagration doit se sentir jusqu'aux Ramblas. Là, cette fois, c'est bon, il ne reste que trente minutes et ils doivent marquer trois fois, il ne peut vraiment plus rien nous arriver. Bizarrement, au lieu de nous donner confiance, ce but nous fait reculer encore plus, ça sent pas bon, les gars.

On tient, on tient, et Di Maria vient de rater la balle de match. Même si on a l'impression que l'arbitre pouvait siffler penalty, le Fideo aurait dû la passer au Matador pour qu'il les « matade » une fois pour toutes.

La fin approche et il ne reste qu'une poignée de minutes, tout le monde autour de moi semble confiant et soulagé, alors pourquoi j'ai encore le bide plus tordu qu'après un marathon de chili con carne ?

On entame la quatre-vingt-huitième minute et là... Le match va basculer dans la quatrième dimension. Il ne manque plus que Rod Serling, le mec bien coiffé en costard qui arrive en général au milieu de la scène pour t'expliquer la suite : ce dont tu vas être le spectateur n'est pas possible dans le monde réel. À peine le temps de cligner des yeux et, en sept minutes : un coup franc, un péno et Sergi Roberto nous crucifie à l'ultime seconde d'un interminable cauchemar... Ce latéral polyvalent sans envergure qui ne marque jamais un but, même dans son jardin avec ses gosses, vient d'appuyer sur le bouton off de ma tribune.

C'est l'hallu totale, on ne comprend même pas ce qu'il s'est passé, on a juste l'impression de tout voir au ralenti comme sonnés après un coup de pelle dans le lobe temporal. Le genre de truc que tu vis d'habitude quand t'as expliqué au videur du Macumba qu'il avait intérêt à bouger de l'entrée, car tu connais du monde.

Quatre-vingt-dix mille voix chantent dans le stade comme si elles n'étaient qu'une et j'ai l'intime conviction qu'on n'est pas près de sortir de ce bourbier. Il faut savoir une chose, c'est qu'en déplacement, les supporters visiteurs ne sont invités à sortir du stade qu'à partir du moment où les locaux l'ont quitté. Le seul petit problème, c'est que les Barcelonais, ils sont très heureux d'être là et ils se voient bien y passer la nuit à chanter.

Alors, on attend, les bras croisés, à regarder cette joie morbide face au cadavre de nos illusions. Je crois que, ce soir-là, je me suis souvenu de toutes les insultes que j'avais apprises en espagnol LV2.

Après plus d'une heure à assister à la danse du *fuego* des Catalans, on nous autorise enfin à partir, mais le chemin de croix n'est pas terminé puisque nous sommes tout en haut du Camp Nou et qu'il nous faut presque une heure de plus pour en descendre... jusqu'à la lie.

La nuit est tombée sur Barcelone et on rejoint notre hôtel comme des zombies, éclairés par les lanternes de la ville, c'est carrément *Walking Dead*, à la différence près qu'à la place de *walking* on préférerait être *dead*.

À l'entrée de l'hôtel, le bus du PSG prend la moitié du parking, et on se souvient qu'on avait pris le même que les joueurs... Le « Rêvons plus grand » en rouge et bleu m'arrache la rétine. Si c'est ça le rêve, je ne veux plus m'endormir, et j'en suis à vouloir me couper les paupières comme dans F*reddy, les griffes de la nuit*, de peur d'être encore assassiné par Sergi Roberto dans mon sommeil.

Premier réflexe en entrant dans le hall, foncer vers la concierge. Mes potes et moi demandons s'il est possible de quitter Barcelone au plus tôt et de changer nos billets d'avion. Elle nous annonce qu'il y a un vol à 11 heures et un autre à 8 h 30, mais ce dernier coûte presque le triple du prix. Bien entendu, on n'a même pas réfléchi, car il était hors de question de passer plus de temps dans cette ville du diable, on a même regardé sur BlaBlaCar s'il n'y avait pas un gars qui pouvait nous ramener à Paris dans la nuit. Au final, on est restés assis dans nos chambres toute la nuit en attendant le *shuttle* pour l'aéroport... Avec sur nous nos tee-shirts Shakira... Jusqu'à la lie, on vous dit.

# Hé, MAN U, tu descends ? (Manchester United)

Exit Emery le gaspacho, liquide et froid dans les matchs à enjeu, c'était clairement une erreur de casting et, même s'il était gentil comme un épicier qui ferme tard, il n'avait clairement pas les épaules pour un club de l'envergure du PSG. Oh, gros ! C'est plus la bande à Kezman, là, y'a du lourd à gérer ! Le sympathique Basque avait montré ses limites encore plus contre le Real que précédemment contre le Barça. L'absence de Neymar lors du retour contre Madrid ne suffisait pas à justifier le non-match au Parc où on n'y a jamais vraiment cru.

Cette fois, on a compris qu'il fallait un homme de poigne, un homme de charisme, un homme qui met l'équipe au pas pour en faire une horde de guerriers. Il nous fallait... un Allemand.

Mais attention, pas n'importe quel Allemand, l'Allemand qui monte et considéré comme un mixte de Klopp et Guardiola. Rien que d'en parler, j'en ai la chair de poule et, si on m'avait dit un jour que je fantasmerais sur l'arrivée d'un type d'outre-Rhin dans ma capitale, je n'aurais pas parié mon PEL.

Je vais même jusqu'à dire que la saison se dessine en forme de bain moussant aux senteurs de patati-patata, mais, cette fois, je vais rester prudent.

Le PSG de Thomas Tuchel est un vrai régal. Quels que soient le système ou les joueurs en place sur le gazon, ça déroule et ça rigole à tous les matchs. Fini le carcan du 4-3-3 indéboulonnable qui ne faisait plus peur à personne sans Thiago

Motta, et bonjour la fantaisie avec un entraîneur qui semble maîtriser son sujet.

Comme je n'aime pas rester sur une mauvaise impression, je convaincs ma bande du « kop *of* blaireaux » de retenter le déplacement pour les huitièmes. La différence est de taille car, cette fois, c'est le match aller, donc, à part si on prend une dégelée de l'espace, il y aura toujours la possibilité de se refaire au retour. Cette fois, on ne se la joue pas « hôtel des joueurs » et on opte pour un bon Airbnb près des bars, car il y a des chances que ce soit le point de chute post-coup de sifflet final. Manchester, c'est pas vraiment la ville des immeubles haussmanniens et des plages de sable fin, mais plutôt des pubs où la bière bon marché coule à flots, et ça tombe bien, on est cinquième dan de picole.

On va pas se mentir, en termes d'organisation, les rosbifs, c'est vraiment le top, et on entre dans Old Trafford sans galérer comme chez nos amis *blaugranas*. La tribune du kop visiteur a des allures de loge VIP, on peut dire qu'ils savent recevoir et ça fait presque mal au cœur de devoir les fesser chez eux.

L'ambiance est vraiment bon enfant et on n'entend que nous, c'est impressionnant. J'ai grandi dans un monde où le foot c'était des Anglais qui hurlaient tout le match à te rendre sourd pendant que tu essayais de leur donner le change timidement, et là on est dans un salon de thé géant où des mamies avec maillots floqués attendent le spectacle et la pause cookies. Sur le terrain, les joueurs sont comme leurs homologues des tribunes, ils sont spectateurs et Mbappé donne un récital en l'absence (encore) de celui que l'on appelle dorénavant « Ney ».

Le match est sans suspense et les dernières secondes sont un calvaire pour la bande à Solskjaer, le PSG fait tourner la balle au rythme des « Olé » dans le stade... Le match est plié à 0-2, ce qui, à l'extérieur, donne une probabilité de 100 % pour se qualifier. Oui, je sais, comme après le 4-0 au Parc contre Barcelone, mais cette fois, faut pas rigoler, y'a pas la MSN en face et United est dans un gros creux générationnel. Assez discuté, il est temps d'aller s'en mettre une belle, surtout que les Anglais magnanimes ne nous ont pas beaucoup fait lambiner dans le stade et nous libèrent rapidement. Tant qu'à faire, autant qu'on dépense nos sous dans leurs pubs, ils n'auront pas tout perdu.

Normalement, à ce moment de l'histoire, on se dit qu'on a retenu les leçons du passé et que la victoire sera vécue de manière humble et posée. Oh ! On est parisiens ou pas ?

À peine sortis du stade, on prend un taxi pakistanais qu'on arrive à convaincre de mettre la musique d'entrée du Parc des Princes de Phil Collins à fond dans les baffles de sa voiture, via le Bluetooth de mon Smartphone. Il accepte évidemment, car il se fout du foot comme de son premier masala.

On traverse toute la ville les vitres ouvertes en chantant : « Et ils sont où, les Mancuniens ? »

Quand je vous disais : dans le karma du club, j'ai toute ma part.

La soirée n'était pas arrivée à son terme et les torrents de binouzes dont on avait débarrassé les bars du coin nous faisaient passer pour les marins du port d'Amsterdam de Brel, les rues de Manchester étaient à nous, nous étions beaux, libres, vainqueurs et complètement teubés.

Vers les trois heures du matin, on croise une bande de quelques irréductibles Mancuniens qui préfèrent rigoler de cette défaite et de leur équipe dont, visiblement, ils n'attendent plus rien cette année. J'ai tout fait pour les chauffer, mais ils nous félicitaient de notre victoire, c'était pas rigolo... Et c'est là que j'ai commis « *the fatal error* ».

Au milieu de nos échanges, je glisse au chef du groupe dans un anglais très approximatif : « Hé ! Toi, t'es pas pour United ? T'es pour City, je t'ai vu hier avec ton maillot près de l'Etihad Stadium. »

Là, en moins de temps qu'il n'en faut à Superman pour se transformer dans une cabine téléphonique, il change littéralement de couleur, devient encore plus rouge si cela était vraiment possible et me saute dessus comme un fauve sur un bout de barbaque.

S'ensuit une bagarre molle et pathétique où j'essaye de le contenir comme je contiens mon fou rire de cette situation surréaliste. Notre duel était tellement misérable que ses potes l'ont attrapé pour lui signifier qu'il valait mieux rentrer.

OK, c'était minable, OK, c'était indigne. Mais on a gagné ou pas ? Allez, c'est la mienne.

Le retour, c'est du beurre.

Le match, au Parc cette fois, sera vraiment une formalité, surtout que Solskjaer n'est pas du tout en mode commando...

Et au-delà de l'absence de Pogba, suspendu, l'équipe est largement remaniée.

Franchement, cette fois, il faudrait vraiment le faire exprès.

Dans la tribune, c'est la quiétude la plus complète, car, cette fois, on est chez nous. Mon pote Lionel, accessoirement mon acolyte de la place 46 à ma gauche, me glisse avec un sourire narquois : « Cette fois je n'ai aucun stress, mais alors aucun », ce à quoi je lui rétorque « Ah oui ? Et si on prend un but dès le départ ? »

Nous partons tous les deux dans un fou rire qui masque presque la musique d'entrée de la C1…

– Toc-toc ?

– Qui est là ?

– C'est le karma qui frappe à ta porte.

Deux minutes à peine se sont écoulées et Lukaku, sur une passe en retrait moisie de Kehrer, part seul au but et plante Gigi Buffon. 1-O et plus qu'un but à marquer pour United.

Non, mais c'est une bague ?

Il ne faut surtout pas leur laisser le temps d'y croire, il faut les étouffer, les broyer, tout de suite, sans attendre.

C'est encore notre Bernat, héros de la Coupe d'Europe, qui va jouer les sauveurs et égaliser avant le quart d'heure de jeu.

Pfiou ! On a eu chaud et, heureusement, on reprend le contrôle du match.

Le Parc se remet à chanter et Manchester n'est pas très dangereux, et ça n'est pas cette frappe de loin sans conviction de Rashford qui va faire peur à Gigi le maestr... Euh... Mais il fait quoi là, Gigi ? Pourquoi il la relâche ? Elle était sur lui ! Non mais, les gars, suivez, y'a Lukaku tout seul, là !

Bon ben voilà, on rentre à la mi-temps et ce qui semblait être un objectif inatteignable pour les Red Devils devient largement à leur portée puisqu'un petit but leur suffit pour nous envoyer au paradis des cocus dont on est des clients fidèles.

La deuxième mi-temps est plus longue qu'un cours de maths le vendredi à 16 heures et le Parc transpire la peur.

La flippe est palpable et même un couteau shogun n'aurait pas raison d'elle. C'est pas possible, on ne va pas revivre ça, pas ici, pas maintenant, pas après tout ce qu'on a fait.

Allez, les gars, faut tenir, y'a personne en face et Ole a fait entrer des joueurs du CFA qui ont des numéros à trois chiffres dans le dos, dont un fameux Tahith Chong dont le nom est déjà une vanne.

Bon, cette fois, ça devrait passer, il ne reste que quelques secondes. Enfin, ça, c'est le raisonnement pour un club normal... Mais ON N'EST PAS UN CLUB NORMAL, on vous dit !

Dernière action, surtout ne pas paniquer et rester bien en place, ils n'ont aucune ouverture, il reste un dernier coup à jouer, mais il faut que ça soit maintenant. Une frappe des vingt mètres ? Houla, non, pas ça !

C'est bon, la balle est contrée et va en corner. Pour l'instant, on a été bons sur les coups de pied arrêtés... Pourquoi l'arbitre met son doigt sur l'oreille ? Il veut mimer la pompe à essence ?

Le stade a compris, le destin lui est revenu en pleine tronche comme un boomerang et personne ne doute du verdict de la VAR. Kimpembe a touché le ballon involontairement de la main en se retournant pour le contrer... Il n'y a aucun doute... C'est péno.

Rashford ne tremblera pas, mais les filets en revanche... Merci, Gigi, ce fut un plaisir de t'avoir parmi nous.

Nous sommes prostrés à nos places et la seule bonne nouvelle, c'est qu'on ne devra pas attendre les visiteurs pour quitter le stade. Avec quelques jours de décalage, mon gars rougeaud de la sortie du pub m'a bien cassé la gueule.

# Chapitre 8

# LES ULTRAS (QUE LE MONDE ENTIER NOUS ENVIE)

Si on regarde la définition du terme « ultra » dans le dico du supporter de base, je ne peux pas vraiment me considérer dans cette catégorie. Premièrement, je n'ai jamais tabassé un mec de sang-froid sous le prétexte qu'il portait un tee-shirt « bonne mère *for ever* » et je n'ai pas non plus de sang marseillais sur mon pare-chocs. Deuxièmement, je n'ai jamais été encarté à un club d'ultras comme les « Tigris Mystic », « les Lutèce Falco » ou « les Boulogne Boys ».

En revanche, pour ce qui est de l'implication et du jusqu'au-boutisme débile à en faire des ulcères à l'estomac, je rivalise largement avec le gros torse nu qui chante « *let's go* » après avoir tapé sept fois sur son tambour.

J'ai eu la chance de ne pas avoir assez d'argent pour me payer mieux, quand j'avais dix-sept ans, que la tribune Auteuil rouge. C'était en 1991 et on était loin de la furia des années 2000 ou des vrombissements du kop *of* Boulogne. On vivait les prémices d'une jeune bande de puceaux du *tifo* qui ne demandaient qu'à grandir et à atteindre une puberté qui leur permettrait de faire muer leur voix pour embraser le stade.

Mon premier souvenir de retour au Parc en tant que fan du PSG, c'était un match moisi de première division contre Lille, mais pour moi ça avait un parfum de Coupe d'Europe.

Avec mon meilleur ami, nous découvrions les odeurs de merguez calcinée aux abords du stade, que des grands chefs cuistots étoilés du guide Michelin (celui des pneus) faisaient griller sur des caddies retournés transformés en barbecues de fortune.

Hors de question de ne pas se délecter de ce mets de choix, quitte à choper la salmonellose, le typhus ou la courante, sinon t'es pas un vrai.

Avant d'entrer, bien évidemment, un petit tour par la petite boutique des horreurs en face de la porte C, afin de se procurer le dernier détail essentiel à l'assimilation au kop... L'écharpe d'ultra.

C'est dans cette petite cahute coincée entre deux immeubles que l'on peut trouver tout son bonheur. Bien sûr, en vitrine, il y a les classiques « Allez Paris », « PSG, fais-nous rêver » ou tout simplement « Paris Saint-Germain » écrit en rouge et bleu, mais si on dit la phrase magique avec le clin d'œil qui va bien, le tenancier du bazar va nous trouver dans un tiroir caché des reliques savoureuses, telles que « Marseille, ville poubelle », « Marseille, on t'... » et surtout l'inoubliable qu'il est difficile de décrire aux âmes sensibles et qui comparait le club phocéen à un méchant virus légèrement plus agressif que la grippe ou la chtouille.

Nous avions tout ce qu'il nous fallait pour nous sustenter et nous masquer le visage, il était temps d'entrer dans l'arène.

Le match, à vrai dire, je ne m'en souviens pas vraiment, car nous avions passé les deux mi-temps à chanter (beugler est un terme plus adéquat). Cependant, un événement m'a interloqué. Aux alentours de la soixantième minute, certains remplaçants commençaient à s'échauffer devant nous et, parmi eux, les célèbres Jean-Luc Vasseur et Pierre Reynaud (je vous rassure, je ne savais pas qui c'était et, sans leurs maillots, je les prenais pour des stadiers).

Il y avait un troisième larron qui faisait des allers-retours derrière les buts, un gars que je n'identifiais pas plus que les deux premiers et qui répondait au nom de Sandjak. Je reconnais qu'à l'époque j'étais un peu moins attentif aux seconds couteaux, et mes chants se portaient plus sur Daniel Bravo, Christian Perez et Amara Simba mais, grâce à la tribune Auteuil, un nom resterait gravé dans ma mémoire à jamais... Lyazid Sandjak.

Là, vous vous dites : le gars est entré en cours de jeu et a inscrit un triplé historique... Eh bien, pas du tout. Il n'est même pas entré sur le terrain, il a continué à s'échauffer jusqu'à la fin du match mais, pendant tout le temps qu'il le faisait, une vingtaine de mecs à moitié bourrés autour de moi ont chanté son nom jusqu'au coup de sifflet final. Ça n'a l'air de rien comme ça, mais trente minutes de « Sandjak ! Sandjak ! », ça fait long, surtout que, pour couronner le tout, à la fin du match, un mec avec une énorme perruque rouge bouclée a chanté le score final (deux-zéro) jusqu'à l'entrée de la bouche du métro Michel-Ange Auteuil.

On n'a jamais réentendu les fans de Sandjak lors des autres matchs de la saison, mais « deux-zéro boy », comme on l'avait surnommé, lui était bien présent et chantait encore deux-zéro... Alors qu'on venait de gagner 3-1... Bienvenue en tribune Auteuil.

On a souvent tendance à idéaliser le passé, et l'ambiance des tribunes en fait bien évidemment partie. C'était mieux avant et on était des vrais, des purs, des authentiques.

C'est quand on se dit ça qu'il vaut mieux avoir une mémoire sélective au risque d'être un peu déçu.

Pour exemple, j'ai en mémoire mon premier match de Ligue des champions au Parc des Princes, c'est en 1995 sous les ordres de Luis. Ben oui, je vous rappelle que, l'année précédente, on avait gentiment laissé la place aux Monégasques pour ne pas fâcher les abonnés de Canal de la région PACA... Faut que j'arrête d'en parler, sinon je vais encore péter la porte de ma salle de bains avec la paire de Doc Martens que j'ai récupérée au musée du KOB (kop *of* Boulogne)... Non, là, je déconne... J'ai quand même mes limites... Cette campagne de Ligue des champions était donc la première de l'histoire du club et le Parc était tout excité à l'idée de vivre un moment historique alors qu'on ne savait pas encore que le PSG ferait carton plein avec 6 victoires en 6 matchs de poule. Avec le regard d'aujourd'hui, on se dit qu'à l'époque il y avait des vrais supporters et pas des footix. On était entre puristes de la grande époque et chaque âme dans le stade avait le cœur qui saignait rouge et bleu.

Pour l'occasion, en bon Jacky des familles, j'avais apporté mon Caméscope, histoire d'immortaliser l'instant.

Il s'agissait en plus d'un choc contre le géant Bayern et la pression était maximale. Le match va bientôt commencer et le Parc est plein comme un... Ah ben, non, le Parc est rempli seulement à un peu plus des deux tiers, c'est étrange car, dans ma mémoire, il n'y avait plus une place libre pour cet événement... Quand je disais qu'on idéalise un peu le passé, mais c'est rien à côté de la suite.

Admettons que le stade ne soit pas totalement garni pour un match pareil même si on est censés être dans la période dorée du supporterisme parisien. On va dire que c'est le début de saison et qu'on doit prendre nos marques.

Si l'histoire s'arrêtait là, on garderait dans nos têtes les buts de Bravo et de Weah et l'ambiance de feu dans les travées, mais, malheureusement, je suis retombé sur mon vieux Caméscope et, dans un esprit nostalgique, j'ai revu les images et… j'ai eu une vision d'horreur digne du *Projet Blair Witch* (film d'horreur).

On était chauds comme des baraques à frites et pressés de voir les ramasseurs de balle agiter la nappe cheloue de la Ligue des champions sur la célèbre musique, vu que c'était la première fois pour nous. Sur les images, c'est pas du Ridley Scott mais je me débrouillais pas trop mal. On sent bien l'ambiance jusqu'à la présentation des équipes par le speaker du stade et puis ça se gâte.

Au moment de crier les numéros et les prénoms des joueurs pour qu'on hurle leurs noms, il se passe un truc au-delà du chelou.

Le speaker dit une fois le nom entier avant de redire le prénom derrière, pour ceux qui ne connaîtraient pas les joueurs. En gros, le mec fait : « En numéro 1, Bernard Lama ! En numéro 1, Bernaaaard ??? » Et là, on est censés dire « Lama ». Il a fait ça pour tous les joueurs de l'équipe.

Il nous parlait comme à des ultras du Jokari, et le pire c'est qu'on n'avait pas l'air choqués.

En revoyant la vidéo, je me suis dit que si, aujourd'hui, ça arrivait, on traiterait les supporters du Parc de gros footix.

On chantait tous les noms que le gars nous avait dits avant comme à la kermesse... J'en étais à me demander si mon Caméscope n'avait pas été piraté.

J'ai depuis brûlé cet appareil du diable pour que le secret retourne dans les limbes de l'histoire du club. Bon, OK, j'en parle présentement, mais c'est parce qu'on est entre nous et que ça ne sortira pas d'ici.

Les années 90 sont le début de l'âge d'or, si l'on peut l'appeler ainsi, des ultras parisiens, avec foison de groupes et de groupuscules plus ou moins belliqueux pour garnir les virages du Parc.

Bien sûr, il y avait les sulfureux Boulogne Boys en mode légèrement facho, mais alors très légèrement bien entendu, qui la jouaient France aux Français avec bombers et Doc Martens... Mais le kop *of* Boulogne, c'était plus l'Angleterre aux Anglais.

Personnellement, je n'ai jamais eu d'appartenance à l'un des groupes, même si, géographiquement, je me trouvais en tribune Auteuil rouge, à gauche des Tigris Mystic et en dessous des Lutèce Falco (oui, enfin, dans mon vague souvenir, car c'était un tel bordel qu'on ne savait plus qui était qui, surtout après un but où tout le monde se ruait vers le bas de la tribune en mode sprint olympique).

De là où j'étais, je faisais face à la tribune qui devait être nos alliés, mais dont on m'a vite fait comprendre que c'était nos ennemis, à savoir les fameux Boulogne Boys et le Paris

Assas Club. Je mets de côté les Hoolicool, dont le nom posait forcément question et me perturbait dans mon analyse géopolitique de la carte des ultras du Parc des Princes.

C'est quoi un Hoolicool ? Un hooligan mais cool ? Donc, tu fais comment pour être les deux en même temps, sachant que ce qui caractérise le hooligan, c'est d'être tout sauf un mec cool.

C'est comme un jus de citron pas acide, un chanteur muet ou un ailier droit qui ne sait ni dribbler ni centrer... Oups ! J'avais oublié Pancrate.

Forcément, étant présent physiquement dans le gloubi-boulga des supporters, j'en fais un peu partie malgré moi, mais je ne vais pas me vanter plus que ça, car, en termes de chants, j'étais plus proche de Bernardo dans *Zorro* que de Freddy Mercury au Live Aid de Wembley.

J'ai une fâcheuse tendance à me draper dans un mutisme de moine cistercien pendant les matchs, laissant le soin à mes camarades d'encourager à gorge déployée les onze acteurs, comme on dit dans *Téléfoot*.

En sept ans, je n'ai pratiquement jamais quitté mon coin de tribune, comme si ça me rassurait, alors que les places n'étaient pas numérotées, et je retrouvais sensiblement les mêmes trombines à mes côtés alors qu'on ne se connaissait pas plus que ça. Il est même arrivé que certains endroits du kop soient moins fournis, mais on tenait absolument à rester agglutinés au même endroit, c'est ça, un ultra, genre de poulet en batterie mais avec la batterie d'ACDC quand même.

Une fois pourtant, je ne sais pas comment on s'est débrouillés avec mon pote Mario, mais il n'y avait plus de place dans la tribune et on a dû, la mort dans l'âme, opter pour l'autre côté du stade. Franchement, c'était pas de gaieté de cœur, et on avançait jusqu'à la porte de Saint-Cloud avec la gorge serrée comme si on partait en spéléo sans lampe frontale. Qu'allait-il advenir de nous ? Allait-on en sortir vivants ? Ils vont nous reconnaître, c'est sûr, ils vont voir nos têtes de fils de soixante-huitards gauchisants et ils vont nous refaire la tronche à coups de batte de baseball. Mon pote était Espagnol et fan de Picasso, mais ne rêvait pas pour autant de ressembler à une de ses toiles.

Finalement, une fois calés dans la tribune K qui jouxtait le kop des fous furieux, on se rendait compte qu'on en avait peut-être un peu trop fait, et que l'ambiance était relativement bon enfant. Là, vous vous dites : « Ben, pourquoi il nous parle de ça puisqu'il n'y a rien de choquant ? »

Attendez, un peu de patience, ça va venir. Ça vient d'ailleurs assez vite, car on n'a même pas eu le temps de finir notre sandwich au chorizo, préparé avec amour par la mère de mon pote, que le speaker se lance dans la composition des équipes, en débutant forcément par les visiteurs, en l'occurrence le Stade rennais.

On ne peut pas dire qu'à cette époque les Bretons avaient une armada offensive à nous faire pâlir, mais il était quand même de coutume de les insulter copieusement à l'annonce de chacun d'eux.

Le speaker balançait le numéro et le prénom du joueur, ce à quoi le stade répondait par un élégant : « Enc... »

Ils y passaient tous : « En numéro 5, Pascal.... ENC... ! » « En numéro 6, Christophe... ENC... »

Et c'est là que la magie Boulogne entre en scène.

« En numéro 11, Ulrich… » À cet instant, plus personne à Boulogne ne pipe mot et laisse le speaker finir de présenter les joueurs rennais… « Le Pen ! »

Une fois le nom sorti du gosier de la voix du Parc, toute la tribune crie un hourra vrombissant avant que s'ensuive dans les travées une série de « Le Pen ! Le Pen ! Le Pen ! »

Scène surréaliste dont le pauvre Ulrich doit encore se souvenir aujourd'hui, héros bien malgré lui d'une tribune à l'humour assez particulier et qui confirme les tendances plutôt à la droite de la droite de nos amis du K.O.B.

Drôle de soirée.

Faisons un bond de quelques années pour nous retrouver dans une période beaucoup moins faste pour le club, même si les coupes nationales nous servaient souvent de gourdes d'eau dans un désert de médiocrité, je veux bien sûr parler des années 2000.

Mars 2001, après une qualification au forceps pour la Ligue des champions, le PSG, grâce notamment à une ridicule remontada subie à La Corogne, se retrouve éliminé des quarts de finale de la Ligue des champions avant même la dernière journée.

Match mémorable de La Corogne que j'avais vécu, je le rappelle, dans une clinique de remise en forme pour estropiés du foot.

Nous sommes quelques jours plus tard et je suis sorti de cet enfer breton pour retrouver ma capitale chérie, donc disposé à reprendre possession de mon jardin favori, le Parc des Princes.

Match pour du beurre ou pas, je suis trop heureux de pouvoir sentir l'odeur de l'herbe coupée, entouré de mes amis de fortune (je parle bien sûr du gazon bien que, dans les allées du stade, les effluves d'une autre herbe se fassent souvent sentir).

Mon seul souci sera de trouver une place bien au bord des escaliers pour pouvoir tendre ma jambe car, bien sûr, j'ai une attelle qui amoindrit mon autonomie et ma souplesse de mouvement... J'ai la jambe plus raide que Pierre Ducrocq en fin de match, perclus de crampes.

Pour l'occasion, j'ai réussi à avoir des places en bleu bas (ne me demandez pas à quoi ça correspond aujourd'hui, j'en ai aucune idée mais, en gros, c'est en face des présidentielles et proche du virage Auteuil.

J'arrive légèrement à la bourre à cause de mon handicap qui me fait monter les marches à la vitesse d'un Coridon ou d'un Rabésandratana dans sa dernière année de contrat. Manque de pot, j'ai déjà loupé le premier but. Franchement, c'est un peu les boules quand tu sais qu'on n'est pas sûrs de la revoir tout de suite, la Ligue des champions, et que chaque action doit être un bonbon à croquer.

En face, les Turcs de Galatasaray sont déjà qualifiés, donc pas plus d'enjeux pour eux que pour nous... Ça va nous faire un gentil match entre copains et c'est pas souvent le cas.

Ce scénario est le plus probable dans tous les pays ayant une population développée et au Q.I. moyen dépassant celui d'un haricot vert... Tous sauf un, ou plutôt sauf une, car nous parlons là d'une ville et pas de n'importe quelle ville, celle que certains nomment la Ville Lumière.

La Ville L n'est malheureusement pas pourvoyeuse que d'individus ayant à tous les étages la fameuse lumière.

J'ai beau avoir raté le premier but de Christian (le Brésilien qui a un prénom d'expert-comptable ou d'agent d'assurances), ce dernier double la mise pour mon plus grand plaisir, histoire que je ne sois pas venu pour rien. La mi-temps est sifflée, tout se passe bien et l'atmosphère champêtre et amicale nous ferait presque oublier que c'est la Ligue des champions ce soir. La 55$^{e}$ minute sonnera la fin de la récré. Des supporters turcs en mal d'émotions et un peu turbulents décident, dans un excès de taquinerie, de choper la bâche des ultras parisiens du virage Auteuil.

En code ultra, arracher et piquer une bâche, c'est l'équivalent d'une déclaration de guerre, un pissage sur les pompes, une *panenka* en coup du foulard... C'est le pire de tout.

Il n'en fallait pas plus à nos camardes de l'amicale des manieurs de batte pour partir totalement en vrille et fondre sur leurs homologues jaune et rouge... En plus, c'était parfait, leurs couleurs faisaient penser au RC Lens, victime favorite des arracheurs de dents de la porte d'Auteuil (je ne compte pas les Marseillais, c'est induit).

Bagarre générale et coups fourrés en pleine tribune, fumis, projectiles, tout y passe, c'est un vrai son et lumière de

Jean-Michel Jarre qui commence par un « rendez-vous » et qui finit par un « équinoxe ».

Le mouvement de foule devient mouvement de panique et la vague déferle doucement vers mon côté de la tribune. Mais si vous avez bien suivi, moi, je suis en béquilles et c'est déjà pas mon truc, l'ambiance manches de pelles dans la tronche qu'on s'envoie à deux grammes dans le sang, mais quand en plus je suis à moitié handicapé, c'est vraiment la galère.

Je me revois menacer de ma canne anglaise un pauvre Stambouliote qui s'approchait alors qu'il ne cherchait qu'à fuir la furia parisienne.

Dans la cohue, plusieurs supporters turcs ont investi la pelouse, interrompant le match.

C'est pas qu'on vivait un spectacle du Cirque du Soleil, mais de là à attendre vingt minutes et rater le dernier métro, ça valait pas vraiment le coup.

Ça devait être un non-événement qui finit en entrefilet à la huitième page du *Parisien* et ça a fait l'ouverture du 20 heures... Cinquante-six blessés et dix-sept hospitalisations... Ici, c'est Paris.

2003 n'est pas si éloignée mais ne déroge pas à la règle, et l'équipe de Luis Fernandez, portée par un Mauricio Pochettino aussi sympathique que peu charismatique, se traîne en championnat dans un ventre toujours plus mou. Comme souvent dans ces cas-là, une seule chose nous évite de nous voir pendus sur le pont du périf de la porte de Saint-

Cloud, c'est un parcours miraculeux en Coupe de France, qui nous envoie au stade de France en fin de saison.

Cette fois encore, un miracle nous porte au pinacle de dame Coupe, et ce miracle a un nom, c'est Ronaldinho, qui, à lui tout seul, a expulsé d'un revers de main et d'un somptueux doublé le club des Girondins de Bordeaux en demi-finales.

Hors de question de jouer les petits bras, quoi qu'il en coûte, on se doit d'être présents au stade pour encourager les gars. C'est vraiment par amour du club, car, s'il y a une enceinte sans âme et sans saveur, c'est bien le temple de France 98 qui, pour la plupart des Parisiens, n'est qu'un parc à footix.

Peu importe, j'ai fait claquer l'oseille et je me suis offert une place en tribune centrale, histoire de ne pas louper une miette de chaque action.

L'adversaire du jour, c'est pas vraiment le FC Ribouldingue, petit poucet surprise sorti de Saint-Flouzard-sur-Oise, vainqueur aux pénos de Lille ou de Marseille, non, c'est juste l'AJ Auxerre de Djibril Cissé, de Kapo et de Mexès, autant dire la dernière *squadra* de choc de Guy Roux, emmenée par la génération montante du foot français. Rien qu'à les voir dans leurs maillots moulants Kappa, ils foutent limite les chocottes (bon, le maillot était moulant pour la plupart des joueurs sauf pour le pauvre Yann Lachuer qui, lui, flotte dans le sien malgré une taille XS).

Ça sent le gros match et l'ambiance de ouf. Sur le terrain, notre attaque avec le seul Fiorèse devant pour profiter des caviars de Ronnie ne me donne pas plus d'assurance que ça, mais je suis sûr d'une chose : on va gagner le match des tribunes à n'en pas douter. On ne va pas se laisser marcher sur les pieds par une bande de paysans venus de l'Yonne, en goguette dans la capitale. On est chez nous, oui ou non ?

De là où je suis placé, je vais pouvoir compter les points : à ma gauche, la *dream team* formée par la crème des ultras parisiens d'Auteuil et de Boulogne et, à ma droite, un joli groupe de Bourguignons endimanchés comme s'ils allaient au Salon de l'agriculture. Ah, que c'est moche, un Parisien sûr de lui...

C'est moche et ça n'apprend jamais de ses erreurs, on n'arrête pas de vous le dire. Les joueurs ne sont pas encore entrés sur la pelouse qu'un mouvement de foule se fait de plus en plus houleux dans le kop parisien. Dans un premier temps, j'imagine que c'est une espèce de chorégraphie travaillée pour impressionner l'adversaire en mode haka des tribunes.

Eh bien, pas vraiment, c'est carrément l'opposé. Les kops de Boulogne et d'Auteuil étaient gentiment en train de se mettre sur la tronche... Entre eux, entre Parisiens.

Autant dire que, de l'autre côté, on avait du mal à saisir le bien-fondé de la *carabistouille*, car, aussi bizarre que ça puisse paraître, les supporters bourguignons, eux, ne se mettent pas des peignées entre eux. Je sais, c'est fou mais, au contraire, ils ont la fâcheuse manie de se réunir pour fêter ensemble le fait d'être là, réunis pour une fête du football, voire d'encourager leur équipe d'une seule voix. Étranges, ces gens, non ?

Toujours est-il que, nous, en bons Parigots, on a donné un spectacle de toute première qualité qui s'est terminé par des lancers de fumigènes et des interpellations par les forces de l'ordre.

La soirée fut parfaite en tous points puisqu'en plus on a perdu 2-1 sur une cagade de Heinze à la dernière minute.

Allez, une heure de queue pour sortir, une de plus pour arriver au RER, entassés comme un troupeau de chèvres à la transhumance et, avec un peu de bol, à trois heures du matin on est au lit... C'est toujours mieux que la bande de vedettes qui passera la nuit en dégrisement au dépôt de la préfecture de Seine-Saint-Denis.

Si certains joueurs sont galvanisés par les grands matchs ou les matchs à enjeux, on doit parfois se demander si les supporters parisiens ne se sentent pas pousser des ailes dès qu'il s'agit d'une coupe ou d'une finale.

Encore une fois, le théâtre de cette nouvelle anecdote est le Stade de France à l'occasion de la finale de la Coupe de la Ligue en 2008.

Cette fois, pas question de ventre mou et de saison monotone. Paul Le Guen, en légende du club, a décidé de nous faire vivre de vraies émotions depuis le banc et il n'a pas fait semblant. Jusqu'à la dernière minute de la dernière journée, on a flippé de descendre en Ligue 2, sauvés de la relégation grâce à un doublé d'Amara Diané venu de l'au-delà.

Mais avant, fin mars, on avait pu se faire notre kif régulier avec une finale de Coupe de la Ligue dont on a l'impression parfois qu'elle n'a été créée que pour nous.

Montpellier, Valenciennes et Auxerre n'avaient pas réussi à freiner notre course à la victoire finale et, pour cette dernière marche, c'étaient les Lensois qui allaient tâter de nos crampons.

Cette fois-ci, il n'est pas question de se taper entre nous et de passer pour des buses auprès de l'Europe entière, les joueurs ont déjà fait le taf pendant la saison.

Les supporters lensois sont nombreux et font vibrer le stade grâce à leur ferveur sans égale.

Ils sont venus pour faire la fête et ils en oublieraient presque leur passage au début des années 90 par la porte d'Auteuil, où ils avaient été accueillis à coups de pompes et de barres de fer par des ultras parisiens défoncés à la Kro de chantier, assoiffés de sang plutôt que d'or.

Mais tout ça, c'est du passé, et cette finale est le moment rêvé d'enterrer la hache de guerre.

C'est là qu'on voit qu'ils sont bon esprit, les mecs, et que Dany Boon ne s'est pas trompé. En parlant de l'acteur français, c'est justement en lui rendant un hommage un peu spécial que les ultras parisiens vont encore se faire remarquer. Ils vont déployer en début de match une triple banderole qui restera pour l'éternité : « Pédophiles, consanguins, chômeurs, bienvenue chez les Ch'tis »... Pourquoi ? Pourquoi tant de haine ? Pourquoi s'acharner ? Toute la France s'est émue du film du natif du Nord et lui a témoigné son amour en venant par millions voir son film hommage à la région Hauts-de-France... Pour quelles raisons le salir et le traîner dans la boue en ressortant ce qu'il y a de plus vil ?

Et si c'était ça, être Parisien ? J'en sais fichtre rien mais, ce soir-là, c'était ça.

Dany Boon ira jusqu'à prendre rendez-vous avec le président de la République pour se plaindre du traitement de ses homologues ch'tis. Manque de pot pour lui, le prez à l'époque, c'est Nico, et Nico il est de la famille PSG. Alors, ça s'est terminé avec deux petits fours, un café dans les jardins de l'Élysée et « au revoir, monsieur ».

L'histoire se souviendra de la banderole parisienne mais ne fera que peu de cas de celle des Lillois quelques semaines plus tard : « La vérité sort de la bouche des Parisiens. »

On est tous le Parisien de quelqu'un… et le Ch'ti de quelqu'un d'autre.

Il y a eu, bien sûr, bon nombre d'autres épisodes qui ont montré une image calamiteuse de certaines des ouailles de notre chapelle, mais j'ai décidé d'en rester là pour ne pas sombrer dans un récit moins burlesque et plus navrant. Ah si, j'oubliais… Parmi les hurluberlus qui s'époumonaient à mes côtés lors de mes années Auteuil rouge, il y avait un Thomas. Un type très sympa, rigolard et truculent, mais qui avait une fâcheuse tendance à bloquer sur Basile Boli et d'une manière peu recommandable. En effet, dès que le joueur marseillais touchait le ballon, le fameux Thomas nous gratifiait d'un très sonore et raciste cri de singe… si ce n'est que le bon Thomas était 100 % camerounais.

# Chapitre 9

## LES TEUHONS DE L'ESPACE

Avoir honte est un art dans lequel le Paris Saint-Germain s'est érigé en véritable maître à se taper l'affiche, malgré une histoire relativement courte. Et j'en ai quelques-unes qui me reviennent comme un boomerang supersonique alors que j'ai les mains dans les poches.

# L'affaire du fax

Nous sommes en début d'exercice 1997, le PSG sort d'une saison mi-figue mi-carotte car, si on regarde le verre à moitié plein, ben, on a fait finale de Coupe des coupes perdue au poil de zen face au Barça de Ronaldo, et si on regarde le verre totalement vide avec une goutte de cyanure au fond, on a fini deuxième derrière Monaco à la place du cocu pour la troisième année d'affilée.

Le résultat de cet échec, c'est qu'on doit se fader un tour préliminaire pour participer à la Champions League. Ça veut dire aussi écourter ses vacances pour pouvoir assister au match.

Franchement, ça m'arrangeait pas. Ma meuf avait une super baraque à l'île de Ré et je me serais bien doré la pilule quelques jours de plus.

Le tirage a été plutôt clément puisqu'on tombe sur les courageux et néanmoins faiblards Roumains du Steaua Bucarest.

Quand on regarde la compo, y'a pas vraiment de quoi couiner comme Porcinet quand il éteint la lumière. Militaru, Nagy et Rotariu, c'est pas vraiment la bande à Gheorghe Hagi de 1989 et ça devrait glisser à la Francky Vincent dès le match aller à Bucarest.

On a véritablement une équipe taillée pour jouer la gagne en LDC et Leonardo en partance pour le Milan AC a décidé de finir la pige en jouant ce tour préliminaire... Du beurre, on vous dit.

Un soupçon de Christophe Revault catastrophique dans les buts, une pincée d'errements défensifs, un zeste de maladresse, secouez dans l'ambiance bouillonnante du stade Ghencea, et vous avez le cocktail d'une défaite bien fraîche à servir à l'apéro.

Bon, vous me direz que 2-3 à l'extérieur, ça peut se renverser, surtout qu'au Parc on mettra le feu et que Leonardo sera là, cette fois.

Les places étaient chères pour aller au Parc et, comme un glandu, je m'y étais pris trop tard. Pas grave, j'irai au bar des *Trois As* vers La Motte-Picquet. L'écran est minuscule, y'a la tenancière qui gueule tout le temps, mais on ne peut pas s'empêcher d'y retourner, ça doit être pour la qualité des sandwichs... Ah ben non, ils sont dégueu.

Le match se profile et l'excitation nous envahit l'échine, je vais m'acheter *L'Équipe*, histoire de me faire monter la sauce en buvant mon kawa tout aussi goûtu que les sandwichs du même rade. Je pose à peine les yeux sur la première page que j'ai un haut-le-cœur et, pour une fois, c'est pas à cause des tartines de pain rassis.

Au match aller, Laurent Fournier, titulaire au poste d'arrière droit, n'aurait pas dû prendre part à la rencontre, car il était suspendu, suite à quoi le PSG est considéré comme perdant sur tapis vert et voit sa défaite passer de 2-3 à 0-3.

Non, mais c'est quoi cette blague ? C'est une caméra cachée ? Y'a Marcel Béliveau qui va sortir du métro ou c'est la serveuse qui a un faux chignon et qui va m'annoncer que j'ai été piégé. Bon, à l'époque, je n'avais pas vraiment de raison d'être piégé par Marcel Béliveau, vu que j'étais à peine connu dans un rayon de trente mètres autour de chez moi.

On n'était pas le premier avril, donc je devais me faire à l'idée que ça n'était pas une vanne.

Deuxième étape du processus, comprendre comment cela a pu arriver. Comment un club d'envergure européenne peut avoir oublié que l'un de ses joueurs était suspendu ? Et c'est là que le fantastique côtoie le surnaturel. Guy Adam, secrétaire sportif du PSG, déclare à la presse, pour expliquer la bévue, que l'UEFA a bien envoyé un fax au club pour lui signifier la suspension de Laurent Fournier, mais que le fax a roulé sous la table et n'a donc pas été notifié.

À ce niveau de sketch, j'ai quand même refait un *check* autour de moi, si par hasard Marcel Béliveau ne serait vraiment pas en train de me la faire à l'envers, mais toujours pas de trace du rigolo Québécois à moustache.

Dire que tout le monde s'est foutu de notre trombine est un faible mot, mais la suite allait tout faire oublier (ou presque) car, dans un match d'anthologie emmené tambour battant par un duo Raí-Leonardo de gala, le PSG l'emporte 5-0 et fait ce qu'on aurait appelé plus tard une remontada... Mais non, je l'ai pas dit.

Au fait, comme pour le match retour face au Real, j'ai récupéré à la dernière minute la place d'un pote qui ne sentait pas trop l'exploit possible et j'ai pu y assister. C'était l'époque où j'avais encore un bon karma.

## Clermont pas une grande soirée

Petit voyage en mars 1997, on ne se rend pas encore compte que l'on est en train de vivre le crépuscule d'une génération, que les héros qui nous ont fait rêver depuis cinq ans vont disparaître... Comme si on avait été réveillés à côté de Josiane Balasko après un songe merveilleux auprès de Monica Bellucci.

Paris est encore en course pour être champion et plus que jamais qualifié dans la compétition dont il est le tenant du titre, la scintillante Coupe de coupes, alors quand Clermont Foot se profile à l'horizon, y'a vraiment pas de quoi se flageller à coups de martinet.

Si on fait le taf, ces huitièmes de finale de Coupe de France ne seront même pas un dos-d'âne sur le chemin tout tracé jusqu'à la finale. En plus, Monaco, l'OM et Nantes ne sont déjà plus dans le coup, ça va être une formalité... À fond sur la file de gauche avec le coude sur la portière.

Attention, Ricardo, ancienne gloire récente du club devenue coach, reste un gars méfiant et ne veut pas se taper la honte, à l'image de l'humiliation en Supercoupe d'Europe quelques semaines plus tôt à la maison contre la Juve. Alors, le technicien brésilien aligne la grosse équipe avec Raí, Dely Valdés, Loko, Le Guen, Guérin et toute la clique.

C'est clair qu'en tant que Parisiens, même si les défaites honteuses ne sont pas encore une vraie tradition, on sait qu'on n'est pas à l'abri d'une déconvenue. On sait aussi que la Coupe, c'est notre truc, et les équipes de crève-la-dalle qui font la une de *Téléfoot* le lendemain, c'est plus réservé aux Marseillais... L'essentiel, c'est de démarrer pied au plancher pour ne pas les laisser y croire.

Personnellement, je n'avais aucun doute et, avec les potes, on avait carrément décidé d'écouter le match à la radio en jouant à ISS Pro (le nouveau jeu de foot qui arrive enfin à faire oublier le mythique « kick off » qui nous a fait passer des nuits blanches bien rattrapées en dormant sur le coude en cours de math le lendemain).

La question qui se pose : pourquoi ne pas mettre le match à la télé en même temps qu'on jouait ? Eh bien, la réponse te revient dans la tronche comme un retour de service de Jim Courier, parce qu'à l'époque, mon p'tit pote, y'avait qu'une télé à la maison et la tablette, c'était juste l'endroit où tu posais ton café.

Bon, ma téloche c'était pas un poste à galène non plus, c'était une Grundig à coins carrés dernière génération, donc je pouvais à tout moment basculer sur l'image en débranchant la Péritel.

Le match commence et, très vite, on est rassurés puisqu'à peine dix minutes de jeu se sont écoulées qu'on mène déjà 1-0 grâce à Benoît Cauet. Même pas le temps d'aller racheter du Coca entre deux parties que Dely Valdés double la mise. Ça fait 2-0 au bout de vingt minutes et, à ce rythme-là, ils vont prendre cher, les Auvergnats. La défaite sera un peu plus difficile à digérer qu'une pilée de tripoux à l'aligot.

En deuxième mi-temps, on n'écoute presque plus le match, il nous sert juste de bruit de fond comme un disque de John Coltrane dans un repas entre prétentieux, et c'est là que la voix du commentateur, jusque-là monocorde, s'envole dans les aigus : « But pour Clermont ! »

Oh ! C'est bon, bonhomme, calme-toi et n'essaye pas de nous vendre un suspense déjà frelaté, c'est juste un sursaut d'orgueil qui n'aura pour conséquence que de réveiller des Parisiens un peu assoupis... On tend quand même l'oreille au cas où.

Pas le temps de douter plus de cinq minutes, Raí dans un une-deux d'anthologie avec Loko (enfin, c'est ce que hurlait le gars derrière le poste), et les choses rentrent dans l'ordre avant que le score ne soit définitivement clos par Loko à la 68e. 4-1, merci, messieurs, c'était bien essayé, mais là, va falloir retourner en CFA jouer contre des boulangers et des plombiers.

Il ne reste que vingt minutes et on est beaucoup plus concentrés sur la console que sur la radio, faut dire qu'on est à égalité sur les parties et que ça commence à être tendu entre nous.

Je me demande si je ne vais pas faire entrer le jeune Henry à la place de Dugarry... Mais pourquoi il s'énerve l'autre dans le poste ? Ah OK, ils sont revenus à 2-4, bon ben, c'est chouette, c'est une belle histoire pour ce type-là, Chastaing, qui doit être tourneur-fraiseur dans la vraie vie. Allez, dans vingt minutes, on n'en parle plus de ce match.

À force de boire du Coca, je passe la moitié de l'aprèm aux toilettes et, quand je reviens pour la huitième fois de m'être soulagé, mon pote Mario m'annonce que Clermont est revenu à 3-4... C'est quoi cette vieille vanne ?

Là, ça commence à fouetter comme dans le calbut de Depardieu en fin de repas. On lâche la console, j'arrache la Péritel et je mets la Deux, ils vont forcément mettre un coup de collier pour assurer le coup. On a fait rentrer qui ? Pouget et Calenda ? C'est bizarre, je le sens de moins en moins, ce match.

Allez, 89$^{e}$, on serre les fesses et on rentre à la casbah avec la qualif en poche, ça restera une frayeur anecdotique dont on ne se souviendra même pas dans dix ans.

Si ce match figure en bonne place ici, c'est bien qu'on n'en est pas restés là, évidemment. Il ne reste qu'une minute au temps règlementaire et les attaques clermontoises, bien que valeureuses, sont brouillonnes et peinent à faire trembler Lama et ses filets. Ne vous inquiétez pas, les copains, tonton PSG va vous donner un coup de pouce. Sur un centre un peu flottant, un Clermontois dégaine une tête molle qui vient gentiment sur notre Bernard qui n'a plus qu'à la prendre tranquillement dans ses mains... Mais ça, c'était sans compter sur l'intervention magistrale du héros de Bruxelles, Bruno Ngotty, qui décide dans une bouffée délirante de catapulter la balle à bout portant dans son propre but.

Eh bien, voilà, les gars, on y est, on est en prolongs. On fait quoi maintenant ? On fait rien, trente minutes sans goût pour arriver à une séance de tirs au but où le héros s'appellera Olivier Enjolras, il a détourné les tirs au but de Guérin et de Le Guen.

Autant vous dire qu'on n'a pas repris notre partie de jeux vidéo et qu'on a éteint la télé direct.

Tout ça pour que Clermont se fasse taper dans la foulée par Nice, futur vainqueur de la compétition face à Guingamp. Un grand cru, cette année 97 !

## PSG-Rodez

L'épisode de relégation en Ligue 2 sauvé de justesse par Amara Diané, on passe à autre chose et, l'année d'après, en championnat, l'équipe a fière allure avec, sur les côtés, un duo Rothen-Giuly qui faisait finale de Ligue des champions avec Monaco il n'y a pas si longtemps. J'essaye de mon côté de voir en Hoarau et Kezman les Morientes et Prso qui vont compléter l'attaque.

L'expérience de Claude Makélélé au milieu nous permet d'à nouveau gonfler le torse face à des Lille, Rennes ou Toulouse... Non, c'est pas une vanne.

C'est parfois à se demander si le PSG devrait vraiment jouer ses matchs de Coupe au mois de mars, j'ai l'impression d'être enfermé dans ce mois comme Patrick McGoohan dans le village du *Prisonnier*.

Dans la famille mois de mars, je voudrais le 3... Bonne pioche.

Cette fois, les Parisiens doivent se rendre à Rodez pour les huitièmes de finale, et l'adversaire du jour ne transpire pas le très haut niveau.

L'Aveyron étant un département qui a enfanté moins de grands sportifs que l'île de Ré, on est en droit d'être assez confiants sur l'issue du match, d'autant plus qu'on n'est pas sur un premier tour joué en plein hiver dans la froideur du mois de janvier. Le seul hic, c'est qu'en Aveyron le mois de janvier dure environ 16 semaines pour se terminer début mai... Et ça, ça va changer pas mal de choses.

Youri, c'est pas Zizou, Duga, c'est pas Zizou, P'tit bonhomme, c'est pas Zizou et Rodez, c'est pas Clermont, bon, OK. Seulement, Rodez ressemble plus au traquenard de Clermont que les passements de jambes de Diomède ne rappellent ceux du numéro 5 du Real.

Pourtant, Clermont est une vraie terre de foot là où Rodez est plutôt un champ labouré par des rugbymans.

Quand les joueurs de Paul Le Guen débarquent dans le fief de Pierre Soulages, de Michel Bras et Fred Hantz, ils n'imaginent pas l'accueil qui les attend. Pour commencer, il fait un temps à ne pas sortir un Irlandais même déchiré à la Guinness, il grêle des boules de pétanque et le vent atteint des vitesses kilométriques qui seraient flashées sur les autoroutes allemandes... Bienvenue en Aveyron, comme le chantera ZAZ avec sa voix de mouton castré.

Les intempéries font partie du jeu, mais espérons que la pelouse ne soit pas trop endommagée. Pour ça, aucune raison d'avoir peur, la pelouse ne craint rien pour la simple et bonne raison qu'il n'y en a pas... En tous cas, moi, j'appelle pas ça une pelouse et, si t'envoies Calderwood, le jardinier du Parc des Princes, pour la checker, il fait un AVC direct.

Comme dans toute ville de grande tradition footballistique, le stade qui accueille le ballon rond et l'ovalie, c'est le même.

Le stade Paul-Lignon semble fin prêt à accueillir les gladiateurs dans son arène.

Oh ! Ça va, n'en fais pas trop non plus, c'est que du foot ! Ah ben non, on ne peut pas vraiment dire ça.

Il faut savoir qu'en Aveyron on ne déteste rien de moins que les Parisiens (à part les Tarnais) et que l'occasion de se faire les petits merdeux de la capitale ne se présentera peut-être pas de sitôt. Les mecs d'en face sont motivés comme des fans de Coldplay à l'entrée du backstage.

On se croirait à la fête de la saucisse, sauf que les cochons prévus pour le hachoir s'appellent Rothen, Pancrate et Chantôme.

Les joueurs entrent sur la pelo... le terr... le champ de betteraves, et la seule chose qui réchauffe le corps des Parisiens transis de froid est la chaleur des glaviots venant des tribunes qui pleuvent sur leur tête.

Il va falloir classer l'affaire rapidos et éviter à tout prix que ça s'éternise parce qu'ils ne sont pas certains de sortir vivants de ce bourbier.

Le début du match n'est pas folichon, mais, grâce à une reprise de l'épaule sur un long centre approximatif, Sammy Traoré trompe le gardien ruthénois (oui, c'est comme ça qu'on dit) à la neuvième minute et ça enlève un poids.

Le petit souci, c'est qu'on a en mémoire le piège clermontois, avec ceci de facteur aggravant que l'équipe du moment est à des années-lumière de la bande à Raí et à Loko.

L'atmosphère n'est pas vraiment, cette fois, à regarder d'un œil avec une manette dans la pogne.

Le match est une véritable purge, aussi bien pour les amateurs de ballon que pour les amateurs de Paris qui, depuis quelques années, ne sont pas vraiment les mêmes.

Les canettes de binouze ont remplacé le soda de chez Mickey, ce qui a pour effet de démultiplier les allers-retours aux toilettes, surtout si on ajoute à ça la prostate, trentaine oblige.

Au final, je me demande si je n'ai pas parcouru plus de kilomètres de mon salon au couloir du fond que le grand Sammy qui, sur ce match, hormis son but, semblait orphelin de Scoubidou.

La deuxième période va commencer et je ne vois aucune raison pour que ce spectacle digne d'un numéro de jonglage par deux punks à chien à un feu rouge se transforme en Cirque du Soleil. Et non seulement je suis grand clerc mais, après un quart d'heure de souffrance footballistique, on n'a rien trouvé de mieux que de se faire égaliser sur un but d'école, passe en profondeur, course croisée, tir ras du poteau.

Zoumana Camara, sur ce coup-là, il tirait un tracteur qui avait le frein à main enclenché.

Ça y est, on y va tout droit, le scénario semble écrit d'avance et on attend juste le moment où le couperet va tomber. À la tête de Jérôme Rothen hurlant sur Fabrice Pancrate, on comprend deux choses : premièrement, que la prolongation qui se profile ne va pas être une partie de tennis-ballon et, deuxièmement, que Paul Le Guen est en passe de faire un grand chelem de la lose en tant que coach du PSG.

Les Aveyronnais sont galvanisés par la tournure du match et plantent deux banderilles sans qu'on ait la moindre réaction d'orgueil. On a au moins évité la misérable élimination aux tirs au but face à un gardien en survêt Tacchini comme à Clermont.

On rentre à la maison la queue entre les j... et le regard sur les pompes... Il faut dire qu'à force on commence à bien les connaître, nos godasses, et il va bientôt falloir un chien d'aveugle pour qu'on puisse marcher dans la rue sans se prendre un réverbère.

Finalement, j'aurais mieux fait de jouer à PES 2009. En plus, le nouveau gameplay il défonce et, en plus, c'est Leo Messi en couverture, c'est quand même mieux que Ronaldo et Didier Drogba de l'année passée (à l'époque, je rappelle qu'on ne détestait pas encore Messi).

## Les minots éteignent le Parc

Cet épisode funeste aurait tout aussi bien pu figurer dans les *classicos* ou dans les remontadas comme le match à Clermont. Seulement, à un certain niveau de honte, on passe un cap de désespérance qui oblige à dissocier la déception et l'affront.

Si je vous dis Cantareil, Pradié, Dennoun, Gastine, Ngom et Diop, ça vous dit quelque chose ?

Non ? Ne vous inquiétez pas, c'est normal, ils sont moins connus que l'équipe B de Rodez, mais ils ont réussi à se faire un nom pendant quelques semaines dans le sud-est de la France... Celui qu'on aime.

On est en 2005 et, au bout du bout de l'aventure, Canal Plus n'en peut plus d'avoir dans ses pattes et son portefeuille d'actions ce chewing-gum qui lui colle plus aux baskets que le sparadrap du capitaine Haddock .

L'équipe sur le papier n'est pourtant pas totalement flinguée, mais l'ambiance au club donne au staff une allure de troupes qui attendent gentiment l'armistice pour rentrer au bercail.

Lyon caracole en tête du championnat comme chaque année, l'OM et Paris ne sont pas invités à la course au titre comme chaque année et Jean-Michel Aulas est beau, fier et fair-play comme chaque année.

Pour les deux anciennes gloires de la D1 des années 90, il ne reste que les *classico* pour vibrer un tant soit peu.

Le duel qui s'annonce en ce mois de mars 2006 au Parc des Princes sent la poudre et le sang.

L'atmosphère entre les deux clubs est plus délétère que jamais, ce qui nous plaît puisque c'est notre dernière vibration dans une saison à l'électroencéphalogramme plat.

Pierre Blayau est chaleureux et charismatique comme un menhir abandonné dans une carrière des Côtes-d'Armor, alors que Pape Diouf, du côté marseillais, est une véritable idole tant il tient dans sa main le club, 15 ans après Nanard l'Entourloupe.

À l'approche de la rencontre, c'est déjà électrique et, de mon côté, ça fait plusieurs jours que je chauffe comme un débile mes quelques potes adorateurs des sardines et que je leur promets l'enfer. On va manger du Ribéry, on va croquer du Niang, on va bouffer du Nasri et, surtout, on va déchiqueter du Cana et du Déhu pour leur montrer ce qu'on fait aux traîtres.

« *Remember Fiorese 2004.* »

On attend surtout Cana l'Albanais qui nous a planté un couteau dans le dos au match aller en marquant le seul but de la rencontre et en célébrant ça avec un smack sur l'écusson de l'OM.

Dire qu'on l'a accueilli comme un fils, qu'on lui a tout donné, et il nous assassine à la Brutus.

On va pas te rater, mon copain...

Ça, c'était le scénario prévu, mais un détail ne vous a peut-être pas échappé... Le match doit avoir lieu au mois de mars, et le mois de mars...

Les Olympiens sont tout aussi bouillants que nous et se disent prêts à en découdre, côté supporters comme côté terrain. Seulement, les incidents qui ont « émaillé » les dernières rencontres n'augurent pas d'une ambiance de franche camaraderie style rugby, « viril mais correct ».

Et puis, quelques jours avant le match, on apprend que le PSG, craignant des débordements autour de la rencontre, attribue à ses supporters la moitié des places normalement allouées aux Marseillais.

Une décision unilatérale qui n'est pas sans rendre fou le président de l'OM, qui pète un plomb direct.

Le Pape, il voit dans cette décision l'occasion d'assoir définitivement son emprise sur le club et de rallier pour un bail les ultras du Vélodrome.

Il menace purement et simplement d'envoyer l'équipe de réserve au Parc des Princes si tous ses supporters ne peuvent pas assister au match... Et ça met un sacré boxon, car celle-là, on l'a pas vraiment vue venir. On se dit qu'il bluffe comme Martoni dans *La Cité de la peur*, sauf qu'il n'a vraiment pas l'air de bluffer.

Le bras de fer continue jusqu'au jour du match et, en effet, Martoni, sur ce coup, ben, il bluffe pas... Pape Diouf met sa menace à exécution et envoie l'équipe des minots du centre de formation jouer contre les vedettes parisiennes au Parc.

Alors là, mon coco, c'est à double tranchant, car envoyer des gamins au casse-pipe pour l'honneur du club, c'est bien sympa, ça fait « Oh, gros ! On est l'OM, on craint dégun », mais, s'ils se prennent 10-0, je te raconte pas le traumatisme.

Il s'en cogne le Pape, et là il sent qu'il a une bonne main et qu'à tous les coups il sortira vainqueur de ce coup de Jarnac.

Tout ça, c'est de la guéguerre de traîne-savates en col blanc, nous, on s'en cogne, on veut juste leur mettre une rouste, minots ou pas, faut en faire un exemple et leur montrer que c'est le Parc des Princes, pas le parc Astérix. Tu viens pas avec les mioches, sinon le ciel va te tomber sur la tête.

Sur la pelouse, côté blanc, j'ai beau écarquiller les yeux, j'en connais pas plus de trois et, encore, c'est pas des stars du show-biz, Civelli, André Luís et Carrasso sont les zozos qui ont gagné ce voyage au bout de l'enfer.

Avec les potos de la tribune I bleu bas, chacun y va de son prono, allant de 12-1, 14-0, 17-0 et moi qui table sur un score plus raisonnable de 9-0, basé sur la moyenne d'un but toutes les dix minutes... Propre.

Dans les tribunes, à l'entrée des joueurs sur le mythique *Who Said I Would* de Phil Collins, c'est le feu et peu importe qui est sur la pelouse, Mironton ou Barjabulle, on s'en tamponne, on chante comme lors d'une finale. Ils ont beau avoir de bonnes têtes, ces gamins, ils portent la tunique blanche de ceux que l'on veut victimiser.

Le coup de sifflet de l'arbitre résonne dans tout le stade, alea jacta est... J'ai l'impression que Pauleta et ses amis sont tournés vers moi pour me dire : « Cazarre, ceux qui vont mourir pour toi te saluent », sauf que ce sont les autres qui vont goûter aux glaives de nos gladiateurs.

Déjà que, au niveau des forces en présence, c'est pas le Barça de Ronaldinho, mais en plus sur le banc c'est Albert Emon dont le palmarès n'a d'égal que l'élégance vestimentaire.

Niveau sonore, on est en plein dans le *classico*, mais sur le terrain ça ronronne, on se demande s'ils n'ont pas pitié d'eux, à jouer à la baballe au lieu de les pourfendre. Non mais, les gars, oh ! Ça fait vingt minutes qu'on joue et y'a rien encore ?! C'est Marcel Béliveau qui réalise le match ?

Les vingt minutes qui suivent ne sont pas plus reluisantes et la mi-temps accouche d'un score vierge. L'équipe regagne les vestiaires avec un score nul autant que le match. Crois-moi que le père Guy Lacombe, il va leur remonter les bretelles à la pause, parce que, là, c'est pas possible.

Mon Nokia 3210 n'a presque plus de batterie tellement les Marseillais m'abreuvent de SMS.

J'ai envie de l'éteindre mais je suis obligé de le laisser allumé pour jouer au jeu du serpent. Oui, c'est *con-con* mais c'est le seul truc qui me détend quand je stresse et là… je stresse.

Sur nos strapontins, on s'encourage avant la reprise en se disant que ça ne peut pas être aussi nul qu'en première mi-temps. Notre vœu est exaucé, car ce n'est pas aussi nul mais beaucoup plus nul. Très peu d'occases, un faux rythme et des minots qui, au fur et à mesure que le chrono voit son aiguille tourner implacablement, y croient de plus en plus, se sentent pousser des ailes et surtout des pieds.

J'ai le regard bloqué sur l'horloge comme un fonctionnaire de la poste à 15 h 57… Et chaque minute qui passe est un coup de saton dans les côtes flottantes.

Je ne vois plus rien, je ne vois plus les acteurs sur la pelouse, mais une image floue où se mêlent le tableau d'affichage et les visages de mes potes marseillais qui me charrient au ralenti.

C'est beau, on dirait presque du Kubrick, seulement c'est pas un film, c'est une réalité froide et sans appel.

Je suis encore dans mon état cotonneux que retentit le coup de sifflet final qui lance la charge de quarante mille sifflets bien plus stridents.

Suis-je vraiment là ? Suis-je dans un rêve ? Vais-je me réveiller, le front en sueur, avec les draps froissés d'une nuit trop agitée pour être réparatrice ? Eh bien, non, je vais simplement rentrer chez moi, accompagné par mon frérot Mario du « club des 2 », dans sa R5 toute claquée garée à l'arrache à l'entrée du périf.

Ça va être long ce retour et les lendemains vont déchanter... Courage petit, dans quelques semaines, tu auras ta revanche au stade de France en finale de Coupe de France... Mais tout ça semble si loin.

Encore aujourd'hui, quand j'ai le blues et que j'ai envie de brûler mon équipe après une contre-performance, je repense à ce *classico* et je me dis : « Bordel, j'y étais... Plus jamais ça. »

# Épilogue

Le tableau peint dans ce livre est des plus noirs, mais un grand maître de la peinture avait réussi à faire de ce qui n'est même pas une couleur la substantifique moelle de son œuvre.

Un artiste qui avait compris avant tout le monde que, dans l'obscurité, on pouvait trouver les couleurs les plus vives, imaginer les formes les plus belles et les plus complexes.

Notre club est un peu comme une peinture de ce plasticien de génie, elle ne peut être comprise que par les initiés, les passionnés, les amoureux transis.

Que le Paris Saint-Germain soit pauvre ou riche, qu'il soit besogneux ou flamboyant, enivrant ou saoulant, il est en nous comme un venin dont on ne veut s'inoculer l'antidote.

On l'aime jusque dans les souffrances qu'il nous procure et, entre nous, sans vraiment se l'avouer, on sait se dire en un clin d'œil que c'est parfois dans les plus grandes désillusions qu'il nous apporte les plus fortes émotions.

C'est le club qui a le karma de ceux qui ont eu mille vies et des plus chaotiques. Quand tu es supporter du PSG, où que tu sois dans le monde, et que tu croises un de tes semblables, il ne vous faut pas plus de dix secondes pour vous remémorer la remontada, l'humiliation des minots, le but de Demba Ba, la victoire de Tuchel et de Thiago Silva avec Chelsea en Ligue des champions, quand toi tu n'y étais pas... Tu racontes tout ça avec rage et passion, tu refais cent fois les actions.

Pourquoi Di Maria ne la donne pas à Cavani ? Pourquoi Boksic, il est tout seul au second poteau ? Pourquoi Pandiani, un remplaçant sorti de nulle part, nous en colle trois en 20 minutes ?

Toutes ces questions dont tu ne cherches pas vraiment la réponse.

Au fond, on les aime, nos défaites, nos galères et nos improbables renversements de situation. Ils sont autant de frustrations qui feront que le jour où on la gagnera, cette foutue Champions League, on explosera comme un geyser à Yellowstone... Ce jour-là, on aura gagné.

On sera... on sera... heureux sûrement, mais... plus rien ne sera jamais comme avant.

Profitons-en avant que ça s'arrête... Mais rassurez-vous, j'ai bon espoir qu'on ait encore dans cinquante ans l'occasion de faire un tome 2, parce que ce club, c'est à la base « Fais-nous rêver » et « Rêvons plus grand », mais en vrai, au quotidien... C'est pas possible !

Merci à

Renaud Dubois

Antoine Grynbaum

Delphine Dubois

Zoé Grynbaum

Tamim Ben Hamad Al Thani

Amara Diané